稻盛和夫

经营哲学在中国

王立胜 马彦涛 等

著

中共中央党校出版社

序言

向稻盛和夫经营哲学学什么

许多人都会有这样的问题，稻盛和夫作为一名日本的企业家，为什么会受到中国企业界的青睐和欢迎呢？海外传来的稻盛和夫经营哲学为什么会成为中国众多企业的必修课呢？为了解答这些问题，我和我的团队基于对稻盛和夫经营哲学的了解及对中国盛和塾企业的调研，试图从以下几个方面回应大家的问题。

一、揭开稻盛和夫经营哲学的面纱

稻盛和夫是日本商业界的传奇人物，他 27 岁创办京都陶瓷株式会社（现名京瓷株式会社），52 岁创办第二电电（原名 DDI，现名 KDDI，目前在日本为仅次于 NTT 的第二大通信公司），这两家公司都进入了世界 500 强。2010 年 2 月，稻盛和夫以 78 岁高龄应日本政府再三恳请，出任破产重建的日航会长，2011 年 3 月，在 14 个月的时间里日航实现盈利。稻盛和夫认为："我之所以取得了今天的成功，原因在于我的'哲学'。"总体来看，稻盛和夫经营哲学由其人生哲学、经营哲学、经营实学三部分组成。稻盛和夫把善恶判断标准作为其哲学的"原点"，实质就是在"追求正确的为人之道"上思考问题。

稻盛和夫人生哲学的核心就是人生方程式：人生·工作的结果 = 思维方式 × 热情 × 能力。对于"热情"，稻盛和夫认为，如果你自己能够描绘成功的过程和情景，那么你的成功概率就极高。稻盛和夫最推崇"思维方式"，他认为："正确的思维方式，不是基于得失，而是基于善恶。""只要有了纯正之心，什么样的事业都能成功。"正是在"追求正确的为人之道"人生哲学原点的基石之上，稻盛和夫建立了自己的经营哲学。在企业经营上，他提出要遵循"正确的经营之道"，并形成自己的经营路径；在经营理念上，他提倡"敬天爱人"与"利他"；在经营保障上，他要求锤炼领导人资质；在经营方法上，他坚持"经营十二条"。稻盛和夫认为，即使掌握了经营理念、经营方法，具备了领导人资质，经营还不一定能成功，成功的关键在于如何在实践过程中运用与落实，也就是如何做的问题，这就是我们所说的稻盛和夫经营实学。稻盛和夫认为，做好经营活动，在经营价值上要倡导"六项精进"，在经营路径上要推崇"阿米巴经营"法，在经营财务上要注重运用"会计七原则"，在经营底线上要备好"过冬"良方。

二、为什么稻盛和夫经营哲学热在中国依然经久不衰

党的十九大报告指出，"我国经济已由高速增长阶段转向高质量发展阶段"。中国企业家要认识到，我国经济进入高质量发展阶段是依据国际国内环境变化而作出的重大判断。这一阶段，要实现企业的快速发展就必须积极应对不确定的国际国内环境，就必须积极

应对可能面临的更大困难和挑战。企业需要在转变发展方式、优化经济结构、转换增长动力上做文章，制定与企业发展相适应的正确的战略规划、发展目标，在高质量发展的道路上稳步前进。

当今世界，正处于百年未有之大变局，新冠肺炎疫情仍在蔓延，人类社会面临前所未有的挑战。对企业而言，增长和分配、资本和劳动、效率和公平的矛盾更加突出，不少企业的经营遭遇困难，企业家陷入焦虑。稻盛和夫在企业经营中总结的一些让企业转危为安的经营理念和方法，可以说在一定程度上为企业提供了借鉴，也改变了一些企业家的经营思维和模式。

客观地说，人们并不是直接关注稻盛和夫经营哲学的，而是通过对稻盛和夫经营企业成就的认识进而关注稻盛和夫经营哲学的。这是因为，但凡企业都会面临危机，都要应对危机，要真正化解一次又一次的危机是不容易的，而实现危机后企业的一次次顺势成长则更是难上加难。恰恰在这一点上，稻盛和夫所经营的企业做到了。也就是说，稻盛和夫经营的企业在危机中做到了化危为机，在萧条中做到了逆势生长，适合国内现阶段企业发展解决困难的需要。这正是中国企业青睐稻盛和夫的原因所在。

从20世纪70年代的石油危机、80年代的日元升值危机、90年代的日本经济泡沫破裂危机、2000年左右的IT泡沫破裂危机到2008年的全球金融危机，稻盛和夫经营的京瓷遭遇过多次严重的经济萧条，但是没有出现过一次年度亏损，实现了企业顺利成长发展的年度目标。每一次闯过萧条期后，京瓷的规模都会扩大一圈、两圈。21世纪前20年，许多老牌企业面临各种困境和瓶颈，而稻盛和夫创办的京瓷与第二电电却实现了企业的盈利及逆势生长。这一阶段，稻盛和夫虽然已经退休，并没有亲自经营管理企业，但是这两大企业仍然遵循他的经营理念，在应对重大危机时，实现了逆袭。这正是稻盛和夫经营哲学的力量所在，也是稻盛和夫经营哲学在中国受到企业家青睐的关键所在。

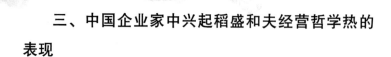

三、中国企业家中兴起稻盛和夫经营哲学热的表现

当年的日航满血复活，不仅震惊了世界，也在中国企业界掀起了一场"稻盛哲学热"。这主要表现在两个方面。一是与稻盛和夫相关书籍的畅销。《活法》《干法》《心：稻盛和夫的一生嘱托》《六项精进》《经营十二条》《斗魂》《心法》《京瓷哲学》等成为人们了解稻盛和夫的主要书籍。稻盛和夫的有关书籍长期居于同类书畅销榜前三。以《活法》为例，在 2005 年首次发布就占据新书销量首位，至今国内销量突破 550万册。二是创办盛和塾。1983 年，京都一部分青年企业家希望稻盛和夫向他们传授经营知识和经营思想，自发组织了"盛友塾"，后改名为"盛和塾"。"盛友塾"刚成立时只有 25 名会员，盛和塾在美国、巴西、中国很快就都有了分塾。现在中国的塾生已超过15000 人。盛和塾的活动方式主要有塾长例会与恳亲会，各类哲学年度报告会、学习会、分享会，等等。

四、塑造中国企业自己的经营哲学

稻盛和夫经营哲学是日本经济特殊时代条件下的产物，在日本经济发展历史中不断地调整与完善。这使得稻盛和夫经营哲学成为日本企业经营中极具代表性的一种经营方法。稻盛和夫经营哲学的形成和发展有其独特的日本经济、社会和文化背景，带有明显的日本风格、日本理念和日本话语特点。若结合实际，活学活用稻盛和夫经营哲学，对企业经营管理无疑是有益的。若把稻盛和夫经营哲学当成至上的教条来膜拜，就可能误入歧途。稻盛和夫自己也说："要把向中国圣贤学习的教诲和在企业实践中获得的体会，如实告诉中国企业家，让他们少走弯路。""我不是经营的圣人，我是个普通人。我只是努力从中国的圣人、贤人那里学习他们的思想。"中国的企业要想适应时代发展的需求，就必须形成属于自己的经营哲学，也就是说中国企业要形成自己的经营哲学，不能只注重于学习国外先进的企业经营经验，还应当形成自己的企业经营理念与价值观。

在学习稻盛和夫经营哲学的过程中，出现了"理念派"与"技术派"两种情况，对我国企业经营者的经营思维和经营活动造成不良影响，必须引起警惕。"理念派"认为，只要学好稻盛和夫经营哲学，企业经营的其他问题就能迎刃而解。"技术派"认为，将阿米巴经营方式奉为企业经营的"秘籍和宝典"，易把阿米巴经营异化为"阿米巴核算"。我们认为，他山之石，可以攻玉，我们可以真诚地去学习稻盛和夫经营哲学，但是我们不是为了学习而学习，我们学习稻盛和夫经营哲学的目的是做好我们自己的企业，在做好自己企业的过程中，要真正形成中国企业自己的企业经营哲学，培养出中国自己的"稻盛和夫"。一句话，需要形成中国企业自己的哲学思维与哲学体系。用习近平总书记的话来说，就是要加快构建中国特色哲学社会科学，建构中国自主的知识体系。

第一，中国企业要有自己的价值理念。企业要利他，就是要做到为社会服务，为社会主义服务，积极履行社会责任。企业家要树立高尚的情怀，主动对接政府、服务社会，为社会主义建设作出更大贡献。当然，企业价值理念的内在体现是要服务于企业的员工与顾客，不但要实现员工物质富裕与精神富裕，为实现国家的共同富裕提供助力，更要使顾客在享受企业服务的过程中增强获得感与幸福感。习近平总书记指出："任何企业存在于社会之中，都是社会的企业。社会是企业家施展才华的舞台。只有真诚回报社会、切实履行社会责任的企业家，才能真正得到社会认可，才是符合时代要求的企业家。这些年来，越来越多企业家投身各类公益事业，在防控新冠肺炎疫情斗争中，广大企业家积极捐款捐物，提供志愿服务，作出了重要贡献，值得充分肯定。当前，就业压力加大，部分劳动者面临失业风险。关爱员工是企业家履行社会责任的一个重要方面，要努力稳定就业岗位，关心员工健康，同员工携手渡过难关。"

第二，企业还要有自己的哲学思维。企业要做到基业长青，就要在尊重企业发展客观规律的同时，把企业哲学作为企业发展及提升竞争力的核心要素。而这种哲学思维必须是连续的科学的，能够指导企业的长远发展的。企业家具有哲学思维，能够为企业发展制定科学合理的战略规划，使企业稳步在社会发展中持续推进。企业家具有哲学思维，还要做好危机应对。

第三，企业家还要拓展国际视野。习近平总书记指出："有多大的视野，就有多大的胸怀。改革开放以来，我国企业家在国际市场上锻炼成长，利用国际国内两个市场、两种资源的能力不断提升。过去 10 年，我国企业走出去步伐明显加快，更广更深参与国际市场开拓，产生出越来越多世界级企业。近几年，经济全球化遭遇逆流，经贸摩擦加剧。一些企业基于要素成本和贸易环境等方面的考虑，调整了产业布局和全球资源配置。这是正常的生产经营调整。同时，我们应该看到，中国是全球最有潜力的大市场，具有最完备的产业配套条件。企业家要立足中国，放眼世界，提高把握国际市场动向和需求特点的能力，提高把握国际规则能力，提高国际市场开拓能力，提高防范国际市场风险能力，带动企业在更高水平的对外开放中实现更好发展，促进国内国际双循环。"

稻盛和夫认为："中国企业今后也会不断地向全球化进军，在世界各地开展经营活动的时候，需要拥有全球通用的商业经营哲学；与此同时，要确立以这种哲学为支柱的清晰的管理体制，并在实践中正确地加以应用。"中国企业要实现大的发展，必须立足中华优秀传统文化，借鉴世界先进文明成果，结合自身的特点形成自己的经营哲学。

总的来说，中国的企业要想真正成为社会发展的引领者、国家建设的支撑者、人民幸福的提供者就必须做强做大，而要做到这一点的根本就是要形成企业自身的价值理念与体系，也就是要有自身发展的哲学体系。我们期望通过稻盛和夫经营哲学的研究，阐发一些理论性的思考，对中国企业的发展有一定的启示意义。

王立胜

2022 年 6 月 1 日

目录

第一章

稻盛和夫及其
经营哲学

放眼全球，商界的成功者不乏其人，人们在羡慕他们辉煌成就时，却发现无法从他们身上学到更多东西，可望而不可即。而稻盛和夫经营哲学则不同，它是稻盛和夫在艰苦漫长的企业经营过程中一点一点积累形成的，是从实践中诞生、提炼出来的，是与其个人的信仰结合在一起而形成的，带有稻盛和夫本人鲜明而独特的人格印记，但又极具可学习、可借鉴、可复制等特点。稻盛和夫经营哲学是一套带有浓厚东方哲学色彩的商业哲学和企业经营理念，与时下盛行的西方商业哲学及管理理论大有不同。学习稻盛和夫经营哲学，不但可以学习稻盛和夫的企业经营之道，还可以学习稻盛和夫的为人之道。总的来说，稻盛和夫经营哲学主要由其人生哲学、经营哲学、经营实学三部分所组成。

一、稻盛和夫其人

稻盛和夫，1932 年 1 月 21 日出生于日本鹿儿岛的一个贫寒家庭，是日本著名企业家。在日本，松下幸之助和稻盛和夫分别被称为昭和年代、和平年代的"经营之神"。要了解稻盛和夫经营哲学的内涵，就要先了解稻盛和夫这个人的经历，感受其经营哲学的形成脉络。

（一）日本商业界的传奇人物

稻盛和夫 27 岁（1959 年）创办京都陶瓷株式会社（现名京瓷株式会社，曾入选世界 500 强企业），52 岁（1984 年）创办第二电电（原名 DDI，现名 KDDI，目前在日本为仅次于 NTT 的第二大通信公司，2022 年世界 500 强企业排名第 241 位）。在 20 世纪 90 年代日本泡沫经济崩溃后，这两家企业依旧保持旺盛生命力。特别是全球新冠肺炎疫情暴发以来，稻盛和夫的两大企业仍然保持高增长率，在企业危机面前逆势发展，铸造了其企业长期赢利且经久不衰的传奇。

值得一提的是，2010 年 1 月 19 日，日本航空公司（简称日航）宣布破产。时任日本政府首相鸠山由纪夫和众多政府高官多次邀请稻盛和夫重建日航。出于三条大义名分①，稻盛和夫答应重建日航。同年 2 月 1 日，稻盛和夫出任日航会长。

曾为亚洲最大航空公司的日航，由于金融危机和经营不善，发生了高达 2.32 万亿日元的总负债，创下日本国内金融业以外公司最大的破产案件。鸠山首相公开表示："只要把稻盛主义贯彻到日航员工中去，日航就可以摆脱对政府的依赖。我高度评价稻盛先生的

---

① 稻盛和夫在就任日航会长时，提出的日航重建的"三条大义"，作为善意的证明。第一条大义，避免给日本经济带来负面影响。日航的破产象征着日本经济在泡沫经济破灭后的衰退，如果这家曾经是世界第一的航空公司二次破产，全世界都会觉得日本也不行了，无论如何也要防止这种局面的出现。第二条大义，必须保住员工的工作。基于已经制定的重建计划，很多员工将会被精减，但如果日航二次破产，余下的 3.2 万名员工也会失业。无论如何也要保住留任员工的饭碗。第三条大义，如果没有正常的竞争环境，市场经济的原理就不能发挥作用。一旦日航二次破产，日本的大型航空公司就只剩下一家了。这样，没有了竞争，机票价格就可能上涨，服务品质也可能下降。这对于国民和客户是不利的。三条大义名分主要是指稻盛和夫出任日航会长的三条大义：为了给低迷的日本经济的重振助上一臂之力；为了保住留任的 3.2 万名日航员工的饭碗；为了保持航空业的竞争态势，让日本国民有选择航空公司的权利。

经营手腕，他具备坚定的哲学和信念，是日航领导人最适当的人选。"①

从 2010 年 2 月 1 日出任破产重建的日航会长，到 2011 年 3 月底，仅仅 14 个月（424 天），日航利润达到了 1884 亿日元。2012 年 9 月公司重新上市后，日航不仅偿还了政府通过再生支援机构援助的 3500 亿日元，而且多支付了 3000 亿日元。这不仅在日航历史上绝无仅有，而且在中外经营史上也是一个奇迹。稻盛和夫称其成功的密码来自其"经营哲学"。日航的满血复活，不仅震惊了世界企业界，也在中国企业界更是掀起了一场"稻盛和夫经营哲学热"。

稻盛和夫创立的"稻盛和夫经营哲学"对日本商业界乃至世界商业界影响深远，他被尊誉为"经营之圣、人生之师"。有管理学者曾评论："在过去 10 年，德鲁克武装了我们的头脑；在未来 10 年，稻盛和夫将充实我们的灵魂。"② 近年来，"稻盛和夫经营哲学热"在中国兴起，稻盛和夫成为中国企业家在新发展阶段学

---

① 张锐：《稻盛和夫：不老的日本"经营之圣"》，《对外经贸实务》2010 年第 4 期。

② 白立新：《过去属于德鲁克 未来属于稻盛和夫》，《中外企业文化》2009 年第 12 期。

习的榜样。

（二）在人生历程中修炼成长

稻盛和夫成功的原因藏在他的人生历程中。童年的稻盛和夫爱哭，家人送给他一个外号——"爱哭虫"。为了实现当"孩子王"这个梦想，稻盛和夫有意锻炼自己，逐渐变成了一个坚强的人。小学时，稻盛和夫组织同学反抗一个嫌贫爱富老师的不公正，换来的是拳头和巴掌，回家后却得到了父亲的默许认可。他从中悟到：要有勇气坚持做自己认为正确的事情。

1945 年，稻盛和夫的叔叔和婶婶患肺结核后接连去世。肺结核通过空气传染，当时无药可治，死亡率高。稻盛和夫的父亲和哥哥悉心护理病重的叔叔，都没有遭到病魔的入侵，反而是对肺结核怀着深深恐惧、时时刻意躲避、只考虑自己个人安危的稻盛和夫感染了病菌。13 岁的稻盛和夫患上了肺结核，在发热中他的情绪低落到了极点。邻居大婶为鼓励他活下去，送他一本谷口雅春的《生命的实相》。这本书中这样写道：

灾难是自己招来的，因为自己的心底有块吸引灾难的磁石。要避免灾难就要先除去这块磁石，而不是对别人说抱怨的话。

把痛苦说成不幸是错误的，人们应该知道对于灵魂的成长来说，痛苦有多么的重要。

想要让理想的事物成为事实，就不要中断你的理想，要有耐心，要一直保持你的希望和热情。[①]

从这本书中，稻盛和夫看到了"灾难心相"这个影响他一生的词，在他后来的著作《心：稻盛和夫的一生嘱托》中，"心相"成了主题词。这段对生死刻骨铭心的体验，给了稻盛和夫前所未有的冲击，让他有了人生第一次重大的、深入灵魂的自我反省，让他开始理解人生最重要的真理，一种超然的精神开始萌芽。在《心：稻盛和夫的一生嘱托》中，他这样讲道："一切都由'心造'——那时得到的这个教训，是一个重大的启示，与我后来的人生关系极大"[②]。

高三发生的两件事又给稻盛和夫留下了深深的烙印。一件是中学建新校舍要大家都参加义务劳动。因

---

① 转引自钟放：《稻盛和夫的经营哲学》，商务印书馆 2007 年版，第 210 页。

② 〔日〕稻盛和夫：《心：稻盛和夫的一生嘱托》，曹寓刚、曹岫云译，人民邮电出版社 2020 年版，第 XLIII 页。

为离高考不到一年，学习很紧张，稻盛和夫尽管不情愿，还是勉强去了工地。但到那里一看，发现高三学生总共只有三四个人。之后几天，稻盛和夫也就没去。但第三天老师突然点名，别的同学事先听到风声，赶在点名之前到达现场。稻盛和夫在点名时缺席。老师很严厉地训斥："心里只想自己高考，连义务劳动都不参加，没有一点奉献精神，真自私。"稻盛和夫感到很羞愧。另一件是棒球对抗赛。球场离学校很远，要乘电车去，但稻盛和夫没钱买车票，决定徒步往返。但同学说只要拿自己的月票混进站台就一定能顺利到达，于是稻盛和夫跟着大家一起混了进去。去时侥幸蒙混过关，回来时稻盛和夫下车时心里紧张，被检票员一眼看破。检票员把他当成惯犯处理，除了没收月票，还罚了他几倍的钱。第二天，学校告示板上又将此事点名批评。稻盛和夫羞愧难当，懊悔不及。从此放弃月票，每天徒步上学。这两件事对稻盛和夫的影响深远。他清楚这是自己心思不正、行为不当，才弄得狼狈不堪，被人蔑视。自己的思想行为和结局之间，存在一种因果联系。

高中毕业，稻盛和夫考上了鹿儿岛大学工学部，在应用化学专业的竹下教授门下学习有机化学。但许多公司对这所不知名大学的毕业生拒之门外，找工作又成为一个难题。稻盛和夫的亲戚当中没有什么权势人物，1955年毕业时，正逢经济大萧条，稻盛和夫好不容易在竹下老师的推荐下才进入松风工业公司（陶瓷厂）工作。但这家公司需要的不是有机化学专业毕业生而需要无机化学专业毕业生。并且松风工业是一个由银行管理的亏损公司，家族政治搞得公司分崩离析，效益极差，没有人气，连薪水都发不出。同期进入工厂的大学生相继辞职了，身边的人也都劝他离开。最后剩下稻盛和夫和另外一名大学生，他俩决定报考自卫队候补生学校。结果他俩考上了。但入学需要户口簿复印件，稻盛和夫写信给在鹿儿岛老家的哥哥，请他寄来，但等了好久毫无音讯。后来才知道，老家不肯寄户口簿复印件，是因为哥哥当时很恼火："家里节衣缩食把你送进大学，多亏老师介绍才进了京都的公司，结果你不到半年就忍不住要辞职，真是个忘恩负义的家伙！"哥哥的一句话点醒了稻盛和夫："在这样没人干活的公司你都做不出点成绩来，你还能干什么？要是这样就辞职的话，到哪里都一样。"哥哥的话使他产生了一种要改变自己"灾难心相"的强烈愿望。此后，稻盛和夫在工作中都极其努力，面对困难也不再退缩。而在这份工作中磨砺出的斗志，也为他日后的创业打下了坚实的基础。

稻盛和夫回到陶瓷厂，以实验室为家，全身心地投入工作中。既然没有别的出路，他就决定先好好工作，全力以赴，并且给自己定了一个要求：绝对不要抱怨，认真去做。别人闹罢工，他想的是如何给工厂减少损失。他认为罢工、向公司发泄不满根本就没有意义。还不如努力把自己的目标研究搞好，并把研究成果投入生产。别人骂他"工贼""公司的走狗"，稻盛和夫感到孤单寂寞，但一想起故乡，想起父母的容颜，想起弟弟妹妹们也在家乡困苦的环境中努力工作，稻盛和夫就又有了勇气，继续努力做研究。

稻盛和夫入厂后第一年就研制开发出了一种被称为"镁橄榄石"的新型陶瓷材料，为濒临破产的工厂带来了大量订单。因此他成为新成立的特陶科的负责人。他所领导的特陶科是整个公司中唯一盈利的部门。1956 年，由于负责绝缘瓷瓶出口的第一物产（现在的三井物产）不满意松风的经营状况，来厂进行实地调查。入驻的调查团团长是战前三井物产的纽约支店店长吉田源三先生。他当时作为第一物产顾问，是位说一不二的大人物。因此，松风工业这边自然是非常紧张，严阵以待。吉田惊异于这样的工厂中，竟有特陶科这样一支士气高昂的队伍。一天，吉田突然说道："你们这儿好像有一位叫稻盛的年轻人，我想见见他。"公司的干部们都吃了一惊，被急忙叫来的稻盛和夫也很吃惊，完全没有头绪。"你就是稻盛吧！叫你过来也没有其他的事，我和鹿儿岛大学的内野君（内野正夫教授）是东京大学的同学，在东京见面时听说了你的事情。"他邀请稻盛和夫晚上好好聊一聊。稻盛和夫穿上自己最好的西装前往大阪，来到约定见面的宾馆。在与吉田的谈话中，吉田听到的不仅是未来电子工业的发展趋势，还有如何采取措施使人才得到有效利用、增添活力等内容。吉田听完后说："稻盛先生，你虽然年轻，却有着自己的一套哲学。"和吉田道别后，"哲学！""哲学！"稻盛和夫口中反复念叨着他所说的这个词。[1] 这是稻盛和夫第一次听到这个词语。"'京瓷哲

---

① 〔日〕稻盛和夫：《稻盛和夫自传》，曹寓刚译，东方出版社2020年版，第43页。

学'一词即源于大阪宾馆大堂里的对话"。

1959 年，27 岁的稻盛和夫与他人创建了京都陶瓷株式会社，共有 28 名员工。虽然当时员工只有这么一些人，但他却每天念叨着"日本第一，世界第一"。大家后来都被感染了、认同了！当年公司销售额居然达到 2600 多万日元，利润 300 多万日元。

1961 年，11 名新员工（高中毕业生）写血书要求增薪，稻盛和夫经过三天三夜苦口婆心的劝解，问题才解决。之后，稻盛和夫陷入深深的思考，公司的价值是什么？是不是应该有更崇高的追求？后来他把追求全体员工"物""心"两方面幸福作为经营理念。这是一次十分重要的事件，稻盛和夫借此找到了经营企业的大义名分，转变了经营目的。

1966 年，美国 IBM 公司欲购 2500 万个用于 IC 的氧化铝基板（集成电路用的电路板）。两家德国老厂也参加竞标，幸运之神却眷顾了京瓷。当时此单价值 1.5 亿日元。接到对方厚厚的高技术指标书后，技术人员目瞪口呆。稻盛和夫却认为：标准高，正是把技术提高到世界水平的绝好机会。集成电路基板的神话，对京瓷公司形象和品牌的广泛传播起到了重要作用。

1973 年，稻盛和夫将京都经济同友会演讲认识的评论家相良龙介、研究风险企业的经济学家中村一秀郎邀请到公司举行报告会，这对稻盛和夫启发良多。相良龙介在《创业思想》中引用福泽谕吉的话："思想之深远如哲学家，心术高尚正直如元禄武士①，辅以小吏之才能、平民之体魄，终成实业社会之俊杰。"中村秀一郎在演讲结束后对员工提出"如何在松散的组织当中自发地形成共同意识、主动地进行自我管理"的问题，答道："真正要做到人生准则一致才是真理。如果社长以外的人不能由同一个哲学理念紧密联系在一起，则一切都是徒劳无功的。哲学，即 philosophy，是人类的准则与志向，同'志'才能形成共同意识！"②此时，京瓷经营规模急剧扩展，稻盛和夫相当担心，重申要复兴京瓷精神。"不求人多，召集志同道合者，彼此惺惺相惜足矣。众人齐心协力，互帮互助，这种付出才有意义"。"不能放松思想教育"。"培养勤恳踏

———————————

① 元禄武士是指 1703 年以赤穗藩藩士大石良雄为首的 47 名武士，深夜为报旧主浅野长矩之仇，攻入吉良义央宅邸，杀死全部人口。世人以为这些人心术高尚。

② 〔日〕加藤胜美：《创造京瓷的男人：稻盛和夫》，蔡越先译，东方出版社 2015 年版，第 182—183 页。

实的优秀员工是当务之急，否则无从发展"。"如今正是复兴京瓷精神之际！领导干部必须从自身做起，掌握管理哲学"。① 后来已经逐渐明确，"以京瓷哲学为基础创建社风，这才是京瓷发展的原动力和根基"②。

1983 年，日本政府决定放开垄断的通信业，稻盛和夫开始新的创业。1984 年 6 月，在稻盛和夫的领导下，日本第二电电企划株式会社（DDI）成立。稻盛和夫对新事业的姿态是乐观构思，悲观计划，乐观实行。将目标规划到清晰可见的程度，然后全力迎接挑战。2000 年，稻盛和夫以合并的方式组建了 KDDI，并使其步入了世界 500 强之列。

1983 年，京都中小企业的经营者自发组织了学习稻盛和夫经营理念的学习塾，称为"盛友塾"，后改为"盛和塾"。1984 年，稻盛和夫个人出资设立稻盛财团。1997 年，65 岁的稻盛和夫身患胃癌，手术后，稻盛和夫将大部分时间用于慈善事业和到世界各地演讲。他希望让更多的人了解自己的经营哲学，将仁爱、

---

① 〔日〕加藤胜美：《创造京瓷的男人：稻盛和夫》，蔡越先译，东方出版社 2015 年版，第 185 页。

② 〔日〕加藤胜美：《创造京瓷的男人：稻盛和夫》，蔡越先译，东方出版社 2015 年版，第 266 页。

利他和回报社会的经营哲学进行到底。

2010年2月，稻盛和夫出任破产重建的日航会长；2011年3月，日航重建第一年即实现盈利。

（三）对稻盛和夫的评价

自1975年首次到中国至2016年9月，稻盛和夫先后来华超过150余次，33次应邀来中国发表主题演讲，多次受到党和国家领导人接见，多次接受中央电视台的专访。特别是2010年稻盛和夫（北京）管理顾问有限公司成立后，中国各地盛和塾相继设立，稻盛和夫每年都参加盛和塾企业经营报告会并作专题报告。

稻盛和夫坚持知行合一，一生都在用实际行动践行大爱，促进中日友好交流。1987年以来，他在广东东莞、上海、天津、贵州贵阳等多地进行投资设厂，录用员工超过上万名，解决当地就业、增加地区纳税和出口。1997年，稻盛和夫发起实施了中日友好交流项目，由京瓷公司创办的"中国少年友好交流访日团"，每年邀请一批中国少年儿童到日本参观访问，稻盛和夫的愿望是，要让充满感性、理想远大的孩子们感受异国文化，将来成为中日友好的桥梁。他和京瓷共同设立的"稻盛京瓷西部开发奖学基金"，于2001年至2021年共资助5079名西部贫困大学生。稻盛和夫说，他在学生时代也是家境贫寒，通过奖学金完成了学业，考虑到中国在西部大开发的经济大潮中肯定也有不少像他年轻时一样的学生，成立"稻盛京瓷西部开发奖学基金"，就是希望能为中国西部开发作贡献的人才提供更多的帮助。正是因为有了一系列大爱行动，2004年4月，稻盛和夫被中日友好协会授予"中日友好使者"称号。2022年，是稻盛和夫被授予"中日友好使者"荣誉称号第18周年。正是秉承着一颗敬天爱人的心，稻盛和夫才能取得巨大的商业成功，同时成为一个受人尊敬的企业家，被人尊称为"经营之圣、人生之师"。

稻盛和夫的每一步成功，都与他所生活的环境、成长的经历息息相关。这使稻盛和夫不但赢得了世界众多的企业家的尊敬，还赢得了学术界、政界的高度关注。

季羡林先生就指出："根据我七八十年来的观察，既是企业家又是哲学家，一身而二任的人，简直如凤毛麟角。有之自稻盛和夫先生始。"[①] 张瑞敏先生认为："稻盛和夫是我最尊敬的企业家，他的著作让我很受启发。"本书作者之一，中国社会科学院哲学研究所研究员王立胜认为，稻盛和夫所创立的稻盛和夫经营哲学已经是企业经营活动的至高之境，并在其 90 周岁生日时撰写对联"工学实学哲学，一身二任举国无双誉满扶桑内外；干法活法心法，万法归一道通天地功在启智引悟"，表达了对稻盛和夫先生经营哲学的肯定。曹岫云先生认为，稻盛和夫是世界企业家的榜样，将之奉为人生导师，并以"仁者寿智者乐，圣者无私忘我"来评价稻盛和夫。

二、稻盛和夫人生哲学

稻盛和夫经营哲学由其人生哲学、经营哲学、经营实学三部分所组成，形成一个严密而富有逻辑的整体。人生哲学是稻盛和夫经营哲学的基石，奠定了其经营哲学大厦的根基；经营哲学是在经营活动中的具体指导与理论；而经营实学则是其哲学在经营实践中

---

① 〔日〕稻盛和夫：《经营之圣——稻盛和夫论〈新经营·新日本〉》，国际文化出版公司 1996 年版，序。

的应用与发展。

（一）人生哲学的原点

人生哲学是每个人在社会生活中对于生存与发展所形成的一整套的价值判断与行为规范。每个人都有自己的人生哲学，而一些人的人生哲学则会成为他人效仿与学习的对象。稻盛和夫说："我之所以取得了今天的成功，原因在于我的'哲学'。""如果要用一句话回答，就是作为一个人，最重要的是他心中所描绘的梦想，必须用人生正确的思维方式去实现。这是我一生成功最根本的原因。"[①] 稻盛和夫的人生哲学是其成功的基石，是获得人生成功的重要基础。

善恶判断标准是稻盛和夫人生哲学的"原点"。他认为，"人们的思维方式大致可以分为两种判断标准。一个是按照'得'、'失'来进行判断，另一个是按照'善'、'恶'来进行判断。我的判断标准，不是按照得失，而是按照善恶。我认为这是一个正确的判断

---

① 杨沛霆、王缨：《稻盛和夫：人到这个世界，就是来修行的》，《中外管理》2009 年第 9 期。

标准，我是基于这个标准来开展我的工作的"①。稻盛和夫人生哲学的"原点"就是善恶判断标准，其实质就是"追求正确的为人之道"。稻盛和夫的人生哲学体现在人生方程式中，即人生·工作的结果 = 思维方式 × 热情 × 能力。"能力"和"热情"是从"0分"到"100分"计算，"思维方式"则可以从"－100分"到"100分"计算。这三个因素结合起来，就会使人生和事业出现很大的差别。

在这三个因素中，稻盛和夫比较看重"热情"因素。对于"热情"，稻盛和夫在《你的梦想一定能实现》中表示："人人都有愿望，但每个人愿望的品质是大不相同的。普通人的愿望是一种随起随灭的心理反应，而我所说的愿望是一种'誓愿'，一种得不到决不会停止的渴望，使全身上下都充溢着这个愿望。"因而，稻盛和夫为人们指明了一条工作的轨迹：如果你自己能够描绘成功的过程和情景，那么你的成功概率就极高。据说，在手机时代到来之前，稻盛和夫就已经清楚地"看见"了手机的普及速度、它的尺寸以及

---

① 杨沛霆、王缨：《稻盛和夫：人到这个世界，就是来修行的》，《中外管理》2009年第9期。

通信公司自身的价格设定等。到事业正式开始后，所有这些几乎都与稻盛和夫想象中的一模一样。

"思维方式"是稻盛和夫最为推崇的。稻盛和夫认为，正确的思维方式，不是基于得失，而是基于善恶。稻盛和夫之所以能够这样看待"思维方式"，完全是因为从儿时得了肺结核之后才悟出的这个道理。稻盛和夫深切地意识到："一颗消极思考的心吸引了消极的现实。"[1]至此，稻盛和夫肯定："改变'思维方式'，人生将发生 180 度转变。"[2]

（二）稻盛和夫人生哲学的具体化

有了人生哲学的原点，也必须走出人生坚实的步伐，就是要将人生哲学具体化到实际的实践之中。而稻盛和夫人生哲学主要体现在以下四个方面。

第一，"立命"在己，以实干燃烧人生。稻盛和夫认为，现实生活中，有两种不同的人生观：宿命论与立命论。"死生有命，富贵在天"是宿命论。稻盛和夫

---

[1] 〔日〕稻盛和夫：《活法》，曹岫云译，东方出版社 2019 年版，第 42 页。

[2] 〔日〕稻盛和夫：《活法》，曹岫云译，东方出版社 2019 年版，序言，第 13 页。

认为："有些人相信，命运在我们出生时便已注定。我不同意这种说法。我想，通过心灵和思考的升华，命运可以因此而改变。"他把自己改变自己的命运叫作"立命"。如何"立命"？首先，要有戏剧主角意识。稻盛和夫以戏剧论人生。他认为："人生就是一幕戏，每个人都是主角。然而，我们不只是在演出，更是这幕戏的创作者。因为一般戏剧总有个既定的结局，人生则不同，结果往往掌控我们自己手中。"其次，要有正确的人生态度和目标。人生态度与目标应以善恶为判断标准。再次，要有自我燃烧的激情。稻盛和夫把他奋斗历程的原动力归结为人生的自我燃烧。稻盛和夫把世界上的事物分成为自燃型、可燃型、不燃型三种，人也一样。把释放能量最多的人比作自燃型，不假外力，自动自发；把在周围环境刺激下，行动起来的人比作可燃型；把抱着否定一切态度的凡事都漠然处之的人比作不燃型。

第二，逆流而上，以心智磨砺人生。稻盛和夫以超出常人的心智、坚忍不拔的毅力，挑战人的生理极限，挑战逆境，挑战商海，铸就了两家世界 500 强企业。

在对待疾病上，稻盛和夫忍受了常人不能忍受的痛苦。少年稻盛和夫感染了肺结核，在当时是不治之症。面对死亡的威胁，他阅读了《生命的实相》，受到启迪，回想起自己怕死胆怯而惭愧。他把疾病带来的痛苦看成磨炼意志的体验，乐观面对，后来奇迹般康复了。1997年，稻盛和夫患了胃癌，手术切除了2/3的胃，因缝合有问题，经过一阵折腾才出院。胃被切除，不能进食，靠输液恢复身体，每天还要坚持工作。1998年因消化不好，患了肠梗阻，再次手术，一个月后出院。稻盛和夫不顾病体去巴拉圭出差，其间又患肠梗阻，当地治疗条件有限无法治疗，他忍受剧痛乘客机飞行了30个小时回到日本治疗。

在科技创新上，专啃硬骨头。稻盛和夫大学毕业后到松风工业公司就职，主要从事高频绝缘陶瓷的研究，属于无机化学领域，与其所学有机化学专业完全不符。同时，松风工业公司经营不善，被银行托管，人心涣散，和他一起进厂的大学生全走光了。一些工人不上班，串联他也参与罢工，他不去，只一门心思搞科研，便有人骂他是"工贼"。他带领几个青年人日夜奋战，试验—失败—再试验。经过一年多的努力，稻盛和夫独自开发出了新型材料镁橄榄石，之后应用该材料开发出了用于电视机显像管电子集束枪上的"U"字形绝缘体陶瓷元件，替代了荷兰飞利浦公司的电视显像管中的零件，获得了松下公司的大批订单。

在开拓市场上，专干别人不愿意干的活。1962年，稻盛和夫只身去美国开拓市场。到美国后费尽周折，才接触到一些公司的负责人，他们对稻盛和夫带来的样品很欣赏，但没有谈成一件生意。虽有伤感，但他愤然发誓，总有一天要打开美国市场。1964年，他再次去美国，从费尔柴尔德公司获得了大量订单，并到巴黎、罗马、维也纳等欧洲大城市推销产品，终于打开了海外市场。

第三，利他之心，以经营积善人生。其一，稻盛和夫实施利他主义经营。提出了经营者应当思善行善、开展利他经营的哲学理念；主张人与人、人与自然和谐相处。一个生产车载对讲机的公司，有员工2600人，经营出现危机，面临倒闭，希望京瓷给予救助。当时，京瓷没有电子机器制造方面的经验，从经济角度考虑，容易背上大包袱，但从工人的生活着想，还是收购了这家公司。与这家公司合并后，有些员工不爱劳动，不服从管理，提出无理要求遭到拒绝后就到稻盛和夫家门前示威游行。在电线杆上和工厂墙上张贴攻击稻盛和夫的标语，还把诽谤稻盛和夫的宣传车开到京都市区。稻盛和夫仍然坚定合并信心，不计前嫌，昼夜找员工谈话，消除误解，帮助工人端正劳动态度，使这家公司从崩溃边缘走向兴隆。京瓷公司先后收购了三叉戟、三田、AVX 等公司，每次并购都是出于善意，赢得了社会信誉与销售市场。其二，让利于对方，哀兵必胜。20 世纪 80 年代，稻盛和夫出于利他之心，创建第二电电企划株式会社。在电波频率分配上，京瓷和另外两家公司都想拿下东京首都圈的业务权，僵持不下。向来以国民利益为重的稻盛和夫，退出首都圈和中部地区的业务竞争，自己只得到除东京和名古屋地区以外的地区，市场规模不及对手一半。在明显不利的情况下，稻盛和夫又将话费降低了 30%，开发小手机。这些不同凡响的举动，得到了索尼等大公司的资助和日本国民的赞誉。开业 3 个月就获得 1 万用户，到 1995 年已有 195 万用户，超过拥有"肥肉"的两家公司。其三，以心为本，亲情式管理企业。稻盛和夫把企业称为"大家族"，推行阿米巴式的生产经营方式。生产成本、周转销售等都以小组为基本核算单位。小组成员都参与企业决策和管理；使人的尊严得以尊重，人的潜能得以释放；大家利益一致，以企业为家，尽职尽责，使企业有发展动力。当企业经营遇到困境，不是裁减员工，而是想办法与员工共渡难关。

第四，自我反省，以修养自律人生。稻盛和夫把"内在约束"看成是修养心性和升华人格的根本。他认为人只有经过磨炼才能成为品质高尚的人，坚持"每天必须自我反省"，精进修炼，感悟人生。针对日本社会道德沦落及人们追求金钱、权力、美色的流弊，稻盛和夫大声疾呼：恢复人的"内在约束"。用人的"内在约束"机制，挽回优良传统道德，让道德起到心灵净化剂、社会安定剂的作用。在恢复人的"内在约束"中，他特别强调企业领导人资质的重要性，界定为三个等级："深沉厚重是第一等资质，磊落豪雄是第二等资质，聪明才辩是第三等资质"。要切忌"伪"（虚伪）、"私"（自私）、"放"（放纵）、"奢"（奢侈）这"四患"。

三、稻盛和夫经营哲学

稻盛和夫经营哲学的出发点"善恶判断标准"的实质是"追求正确的为人之道",体现在企业经营上就是"正确的经营之道"。

（一）正确的经营之道是稻盛和夫经营哲学的出发点

何谓正确的经营之道？稻盛和夫认为，正确的经营之道体现在三个方面。其一，"把作为人应该做的正确的事情以正确的方式贯彻始终"，以此作为面对企业经营中每天发生的各种事情和问题的判断基准。在稻盛和夫创立京瓷之际，如何避免自己判断决策错误为企业发展可能带来的风险，曾经使其苦恼不已。但顺着其哲学原点思考，稻盛和夫明白了：在经营活动中作出的判断必须基于世间通行的道理，即"原理原则"。企业做出与我们日常伦理道德相违背的行为必定是行不通的。在解决实际问题时，稻盛和夫依据做人的原理原则，力求将经营体系和组织结构调整到最佳效果，使企业经营行为做到"合理""正确"。这种"合理""正确"，不仅在经济意义上意味着做到"销售最大化、费用最小化"，使企业成为高收益企业，而且在道义上做到了经营者通过自身的高尚品质，与顾客建立起"受尊敬"的绝对性关系，并通过对社会问题的解决，赢得了社会的尊重。其二，企业应有正确的谋利之道。在正确的为人之道基础上，企业应抱有光明正大的经营态度做到"谋利有道"，并积极承担责任回报社会，做到"散财有道"，这便是"敬天"。其三，以员工与顾客为根本。从"追求正确的为人之道""正确的谋利之道"出发，稻盛和夫认为企业在经营行为中必须"爱人"，即爱员工、爱顾客。这是稻盛和夫自己非常直观的亲身体会。将稻盛和夫的经营之道上升到哲学层面，也就是稻盛和夫经营哲学。

（二）在经营理念上提倡"敬天爱人"与"利他"

"敬天爱人"与"利他"是稻盛和夫经营哲学的圭臬。"敬天爱人"是京瓷的社训，是稻盛和夫一生最为信奉的经营哲学。稻盛和夫京瓷公司的经营理念："在追求全体员工物质与精神两方面幸福的同时，为人类和社会的进步与发展作出贡献"。稻盛和夫倡导的"敬天爱人"出自19世纪日本明治维新领袖人物之一西乡隆盛的语录《南洲翁遗训》一书（该书系后人整理）。"天"是指客观规律，也就是事物的本性。"敬天"，就是按事物的本性做事；"爱人"，就是按人的本性做人，以仁慈之心关爱众人就是"爱人"。这里的"爱人"就是"利他"，"利他"是做人的基本出发点，利他者自利。要从"自我本位"转向"他人本位"，以"他人"为主体，自己是服务于他人，辅助于他人的。对于企业来说，就是要"利他经营"。这个"他"是指客户。广义的客户包括顾客、员工、社会和利益相关者。经商的根本，在于"取悦顾客"，做客户的仆人。要把自己定位为心甘情愿为客户服务的仆人。要从"企业本位"转向"客户本位"，全心全意为客户服务。只要为客户创造了价值，企业也就可以从中分享价值。做人应该做正确的事情，把员工放在首位，这就是稻盛和夫对"敬天爱人"的诠释，在企业中的表现即是经营人心。稻盛和夫相信，所谓经营只能是经营者人格的投影。因此，只要具备做人的正确判断基准，就一定能在经营实践中有效发挥它的作用。

（三）在经营保障上要锤炼领导人资质

企业家要想获得成功，下属必须要获得成长和进步，这样就需要领导者将下属的利益和幸福放在心间，本着善意和关爱之心进行指导和培养。企业理念能不能得到正确运用，完全取决于企业的领导人是否是"以爱为根基反映民意的领导者"，这主要应以五项资质来考察。

第一，具备使命感。稻盛和夫认为，以企业经营者为代表的领导人，要心怀为团队成员得福利、为社会努力作出贡献的强烈愿望。一项事业的目的和意义必须是能够让领导者与下属员工，都能感受到自身是在"为了一个崇高目的而工作"的大义名分，是一种超越一般层次的存在。

京瓷最初是以"稻盛和夫的技术问世"为目的而创立的公司。也就是说，稻盛和夫创办企业的动机是作为技术工作者的强烈愿望。但在京瓷成立的第三年，前一年录用的新员工与稻盛和夫进行交涉，要求在提升他们的待遇方面给出承诺。经三天三夜的交涉，新员工虽撤回了要求，留在了公司，但稻盛和夫以技术问世为创办目的，在那一瞬间便烟消云散了。稻盛和夫从内心深处认识到，企业存在的目的并不是实现经营者个人的愿望或欲望，而是保证员工们现在和将来的生活。这样的转变让稻盛和夫感觉到一丝失落和寂寞，但这却是稻盛和夫苦苦思索的结果。从此，"追求全体员工物质和精神两方面幸福，为人类社会的进步发展作出贡献"成了京瓷的经营理念。也正因为有了这种光明正大的目的和使命，作为领导人也可以问心无愧，不受任何牵制，一方面鞭策自己，另一方面激励部下，不断将事业向前推进。创办企业之初，要提出团队能够共同拥有的、符合大义名分的、崇高的企业目的，并将它作为企业的"使命"，让自己"具备使命感"，并让这种使命感为整个团队所共有。

第二，明确地描述目标并实现目标。在设定目标时，领导人要找出一个在全体成员都能接受范围内的最高的具体数字，把它作为目标。然后把这个目标分解，让团队全体成员都把它当成自己的目标，大家共同拥有这个目标。提出过高的目标，大家就会觉得不可能完成，就不会真挚地付出努力。相反，提出的目标过低，很容易就能达成，大家又会觉得自己的能力被低估了，因而会漠视这样的目标。因此，不仅要设定年度目标，而且要设定月度目标。这样，自然就能看清每一天的目标。如果每个人都能认清每个月以及每一天的目标，并切实完成这些目标，那么整个团队的年度目标也就能够达成。这样做，每一位成员都能清楚地知道"自己的目标是什么，对照这一目标，现在自己进展到什么程度"。如果进度落后，自己就可以迅速采取措施迎头赶上。

为实现目标作出具体方法指导。领导人要让大家相信目标一定能实现，领导者自己对事业的思考，自己有关达成目标的想法，都要满腔热情地向部下们说，倾注心血，谆谆相告，直到每一位成员都激情燃烧。领导人揭示的目标越高越困难，就越不可能由一个人来完成。领导人诉说事业的意义和实现目标的方法会将部下的士气提升到与自己相同的水平，才能更好地集聚全员的力量。只要做到这一点，那么，无论多么困难的目标都可能达成，成功就可能唾手而得。

领导人必须具备坚强的"意志"才能实现已经设定的高目标。在企业经营中，预料之外的课题和障碍会接踵而来。这时候，如果缺乏坚强的意志，就会以些许的环境变化为借口，很随意地放弃应该达成的目标。作为领导人，是不是"付出了不亚于任何人的努力"，以至让部下觉得"我们的头头那么拼命干，我也得助他一臂之力啊！"

第三，不断地挑战新事物。在经济环境急剧变动、技术革新飞速发展的今天，如果领导人缺乏独创性，缺乏挑战精神，不能把创造和挑战的精神贯彻到企业中去，那么企业的进步发展是难以指望的。也就是说，领导人要不断进行变革和创造。

领导人要不断挑战新的创造性的事物。为实现理想亲自站在第一线积极挑战，领导人需要一种思维方式，就是"相信人的无限的可能性"。自己持有的能力，不是在现在这个时点上把握，从现在开始，经历磨炼，这种能力会无限进步。

要相信"能力要用将来进行时"。仅仅根据自己现在的能力，判断"能"还是"不能"，就做不成任何新的事情。从现实看，哪怕被认为根本不可能实现的高目标，在未来的某一时点上实现它，先做出这样的决定，为了实现它，天天努力，不断提高自己现有的能力。

挑战新事物必须有勇有谋。挑战的进程非常重要，作为领导人，按照"乐观构想、悲观计划、乐观实行"的程序，在创造性的领域内推进工作。稻盛和夫认为，挑战新事物，并要获得成功，首先需要乐观地思考，这一点很重要。在成就新事业的过程中，可以预料会遭遇各种各样的困难，正因为如此，在构想的阶段，必须抱着梦想和希望，相信事情"能成"，否则就不会产生挑战的勇气。在推进新事业的时候，往往会发生预料之外的障碍。这时，悲观失望，就无法把工作向前推进。不管发生何种问题，坚信一定能够解决，倾注热情，一味向前，坚决推进计划，这种乐观型的人才，在实行阶段，非常需要。不断向新事物发起挑战，才能保证企业的发展。为此，就像刚才所讲，在构想阶段，能力要用将来进行时，总之要乐观；在制订计划时要彻底地冷静，就是采取悲观态度；而在实行阶段，又要乐观，相信事情一定成功。必须有这样一个程序，而统率这一过程的就是领导人。

第四，获取众人的信任和尊敬。稻盛和夫认为，领导人必须获得所有人的信任和尊敬。领导人最重要的资质是，具备时时深入思考事物本质的厚重的性格。然而在现代，只具备聪明才辩资质即被选为领导人的现象非常普遍。但是，他们却未必能赢得部下和客户的信任和尊敬，未必能成为真正的领导人。而一个企业要健康地成长发展，拥有具备深沉厚重资质、能得到众人信任和尊敬的领导人必不可缺。这类领导人一要做到"公正"。"爱己者，不善之最也。修业无果，事业不成，过而不改，功而生骄，皆因爱己起，故决不可爱己偏私也。"因而，领导人要对各种事情做出判断，夹杂私心的利己主义者当领导人最不称职。将自己的利益放在首位的领导人的行为，不仅会极大地降低现场的士气，而且会让整个组织道德堕落。领导人应该率先作出自我牺牲。没有勇气接受让自己吃亏的人没有资格充当领导人。二要具有"勇气"。领导人即使做出了正确的判断，也未必能让所有的人全都赞同，因这种判断而蒙受损害的人会唱反调。这种情况下，领导人要不畏惧任何困难，将正确的判断付诸实行，就必须具备真正的"勇气"。领导人缺乏勇气，不敢正视严峻的现实，妥协退让，胆小怕事、优柔寡断，部下一眼就能看穿，这是不可容忍的。领导人必须具备克服一切困难障碍、把正确的事情以正确的方式贯彻到底的"勇气"和"信念"，朝着实现目标的方向大步迈进。三要具有"谦虚"的品格魅力。傲慢的领导人可能取得一时的成功，但他的成功绝不可能长期持续。有能力、有业绩、优秀的领导人更应该将"谦虚"这项资质学到手。人往往一旦获得成功，就会过分相信自己，认为成功是由于自己能力强，因而傲慢起来，以至忘记了应该感谢周围的人，放松了努力。四要保持"乐观开朗"的态度。稻盛和夫认为，领导人保持乐观向上的态度，在团队内营造开朗的气氛，也是一项重要工作。一旦从事经营，困难的课题就会接二连三地发生，但是局面越是艰难，越是不能失去梦想和希望。一方面是"无论如何也必须苦干"的坚强决心；另一方面是"不管怎样，自己的未来一定光明灿烂"的必胜信念。人生中保持乐观开朗的态度非常重要，领导人向部下灌输这些正面的思想，保持乐观向上的态度，一心一意地努力，必然会获得回报。不管现在处于何种逆境，自己的将来一定充满光明。

第五，抱有关爱之心。稻盛和夫认为，领导人既要必须发挥出强有力的领导作用，又要持有一颗对别人充满关爱的善良之心。祈愿部下及其家族都能过上幸福生活，祈愿交易商、客户、地区社会、自己周围所有的人生活幸福。抱着这种深沉的爱去工作、去做事业，就能得到周围人们的协助甚至获得天助，事业一定能顺利进展。

换句话说，领导人归根结底要在心中怀有大爱、深爱，在此基础上采取行动。经营企业决不能依靠强权，不能让部下恐惧畏缩。就是说，领导人决不能只考虑自己，决不能充当"利己的独裁者"，什么事情都凭自己的好恶做决定。这种独裁专断的领导方式必然招致集团内部的恐惧和疑惑、憎恶和反感，最终导致集团的崩溃。但是，如果领导人一味迁就部下的意见，容忍个人贪图轻松安逸的倾向，那么集团的纪律就会松弛，陷于功能不全的泥沼。

稻盛和夫一直致力于在企业里建立心心相印、互相信赖的伙伴关系，并以此为基础开展工作。例如，干部与员工下班后常进行空巴（酒话会），加深相互之间的了解，交流彼此对经营哲学的理解。西方人注重工作和生活分开，稻盛和夫的公司在美国有上万名员工，开始美国人不接受下班后聚餐的形式，经过一次一次主动与员工示好，慢慢形成了文化氛围。员工与企业家不一心，员工流失率高，是企业经营中面临的一个难题。在他们看来，通过学习稻盛和夫经营哲学，企业家和员工都建立了正确的人生观与劳动观，员工的离职率明显下降。

总之，为了实现目标，必须发挥强有力的领导作用。但仅仅这样还不够，领导人应该抱有一颗温暖的关爱之心，要了解团队人员的想法，努力将他们的力量凝聚到同一方向上来。这样才能把团队引向既定的目的地，这就是对领导人的要求。

（四）在经营方法上坚持"经营十二条"

稻盛和夫对自己的经营实践进行深入思考，坚持以"将正确的事情用正确的方式贯彻到底"为准则，提出了十二条经营原则，并上升为企业的行动纲领。"经营十二条"不但是技巧，更是一种哲学。"经营十二条"立足于"作为人，何谓正确"这一最基本的观念之上，所以有人认为它超越国境、超越民族、超越语言差别，普遍适用。

第一条：明确事业的目的与意义。树立光明正大的、符合大义名分的、崇高的事业目的。稻盛和夫认为，企业经营的根本意义和真正目的是为员工物、心两面的幸福殚精竭虑，倾尽全力。以此激发员工内心的共鸣，获取他们对企业长时间、全方位的协助。可以看到，"追求全体员工物、心两面的幸福，同时为社会的进步发展作出贡献"①，这条京瓷的经营理念为诸多中国塾生所借鉴或直接运用。

第二条：设立具体的目标。经营者应该建立明确的目标，所设目标随时与员工共有。目标明确才能避免出现员工各行其是、力量分散的问题。而且这种目标在空间和时间上都必须用数字明确表述出来。空间上明确，即目标要分解到各个部门的详细资料，最小的组织单位也必须有明确的数字目标；时间上明确，即不仅设定年度目标，而且要设定月度目标。稻盛和夫不建立超过一年的计划，是因为市场变化剧烈，三五年以后的事情没人可以预测。

第三条：胸中怀有强烈的愿望。要怀有渗透到潜意识的强烈而持久的愿望。稻盛和夫相信境由心造，心中蓝图就必能实现。为经营所困扰、苦闷、彷徨是经营者的家常便饭，而能否聚精会神于悬案，持续将

---

① 〔日〕稻盛和夫：《经营十二条》，曹岫云译，人民邮电出版社2021年版，第27—28页。

思维聚焦在一点，直至突破，是事业胜负的分水岭。

第四条：付出不亚于任何人的努力。稻盛和夫认为，企业发展的要诀在于：认真做实事，一步一步踏踏实实，持续付出不亚于任何人的努力，精益求精，持之以恒。

第五条：销售最大化、费用最小化。稻盛和夫认为，只有秉承"销售最大化、经费最小化"原则，才能开动脑筋、千方百计，从而产生高效益。而实施"销售最大化、经费最小化"原则，必须建立一个系统，使每个部门、每月的经费明细一目了然[①]，这就是要引入所谓的"阿米巴经营"管理系统。

第六条：定价即经营。定价是领导的职责，客户乐于接受的最高价格。稻盛和夫认为，真正能看清、看透这一价格点的，非经营者莫属。

第七条：经营取决于洞穿岩石般的坚强意志。经营就是经营者意志的表达，一旦确定目标，就非实现不可，这种坚强意志在经营中必须获得员工的共鸣，让全体员工发出"那么让我们一起干吧！"的呼声。

---

① 〔日〕稻盛和夫：《经营十二条》，曹岫云译，人民邮电出版社2021年版，第40页。

第八条：燃烧的斗魂。经营者如果缺乏"斗魂"，将必败无疑。"斗魂"，来自强烈的无论如何也要保护企业、保护员工的责任心，这种责任感使经营者勇敢坚定且能获得员工们由衷的信赖。

第九条：经营企业要临事有勇，不能有卑怯的举止。在各种阻力面前，是坚持以正确的原则作为判断基准，还是以追求稳妥作为判断基准是对经营者勇气的考验。受到威胁、中伤和诽谤，即使面临损失或灾难，仍然毫不退缩、坦然面对、坚持原则，坚决作出对公司有利的判断，这需要经营者具有真正的勇气。

第十条：不断从事创造性的工作。明天胜过今天，后天胜过明天，不断琢磨，不断改进，精益求精。

第十一条：以关怀之心，诚实处事。稻盛和夫认为，尊重对方，为对方着想，乍看会给自己带来损失，但从长远看，一定会给自己和别人带来良好的结果。

第十二条：保持乐观向上的态度。怀抱梦想和希望，以坦诚之心处世。不管处于何种逆境，经营者都应该保持开朗和积极向上的态度，问题越是困难，越是不能失去梦想和希望。顶住经营中的各种压力，处理种种复杂的问题，经营者必须同时保持开朗的心态，

"一味紧张，有张无弛，长期经营就很难坚持"[1]。以乐观的态度，面对困难和逆境，乃是人生的铁则，是经营者生存的智慧。

四、稻盛和夫经营实学

掌握了经营理念、经营方法，具备了领导人的资质，经营就一定能成功吗？答案是否定的，因为经营理念、经营方法、领导人资质的具备只能说是具有了成功的前提，而成功的关键在于在实践中运用与落实，也就是如何做的问题。因而，稻盛和夫又提出了其经营实学，也就是如何经营的问题。

（一）在经营路径上推崇"阿米巴经营"

"阿米巴经营"将企业划分为"小集体"——以各个"阿米巴"为核心，自行制订计划，独立核算，持续自主成长，让每一位员工成为主角，全员参与经营，这样既提高了员工的成本意识和经营头脑，又提高了员工的

---

① 〔日〕稻盛和夫：《经营十二条》，曹岫云译，人民邮电出版社2021年版，第61页。

职业伦理和个人素质。将员工的发展放在首位，是稻盛和夫最大的秘密，也是"阿米巴经营"的最大成效。

1959年，稻盛和夫创立京瓷公司，当时只有28个人。稻盛和夫创立京瓷公司第三年就出现员工提出改善待遇的现象。稻盛和夫开始思考公司经营管理到底靠什么？不靠高层管理的高瞻远瞩，也不靠总裁的英明果断，而是靠关键现场的员工，发奋努力把活做到极致。由此，稻盛和夫将企业的经营理念做了重大调整，从"希望用自己的技术生产的产品遍及世界"转变为"公司永远是保障员工生活的地方"。稻盛和夫与员工之间也就明确为一种伙伴关系。但是，公司不断发展而扩展成了大公司，即使个人能力再强再能折腾，也忙不过来。

为什么不把公司分解成若干小集体呢？为什么不放权给这些小集体让他们自己管理呢？

稻盛和夫联想起孙悟空拔毫毛变出分身的故事，开发了阿米巴经营体系。"阿米巴"又称"变形虫"，属原生动物变形虫科，虫体赤裸而柔软，其身体可以向各个方向伸出伪足，使形体变化不定，故而得名。变形虫最大的特性是能够随外界环境的变化而变化，不断地进行自我调整来适应所面临的生存环境。他很兴奋，就用阿米巴来形容他的小集体管理。

稻盛和夫将京瓷内部分成 3000 个小单元，每个小单元名为"阿米巴"。每个小单元人数不一，小团体目标比较明确。稻盛和夫认为，3000 个阿米巴都是独立的，但每个阿米巴的负责人除了有利己之心之外，还必须有利他之心，需要跟其他阿米巴协同。3000 个阿米巴的负责人都是京瓷的核心骨干，稻盛和夫则确保这些核心骨干都认同他"敬天爱人"的思想。从小的阿米巴到整个京瓷，稻盛和夫强调的是契约精神，以及大家共同的愿景、使命感和价值观。

成立初期，京瓷公司干到晚上 10 点也没有人会自视为"加班"，全厂干到晚上 12 点的事情经常发生。如果说日本人以"工作狂"著称全世界的话，京瓷就是以"工作狂"著称全日本。

阿米巴经营，为企业树立管理制度模型。"阿米巴经营是通过一个个小团队的独立核算来实现全员参与经营、凝聚全体员工力量和智慧的经营管理系统。"[①] 它

---

① 〔日〕稻盛和夫：《阿米巴经营》，曹岫云译，中国大百科全书出版社 2016 年版，第 7 页。

是稻盛和夫在京瓷公司的经营过程中把大的组织划小而独创的经营管理制度。在阿米巴经营中，把公司组织划分为被称作"阿米巴"的小集体。各个阿米巴的领导者以自己为核心，自行制订所在阿米巴的计划，并依靠阿米巴全体成员的智慧和努力来完成目标。阿米巴经营的目的有三项，确立与市场直接挂钩的分部门核算制度，培养具有经营者意识的人才，实现全员参与的经营。稻盛和夫在创立京瓷、KDDI 及主导重建日航的过程中，都使用了阿米巴管理制度。他特别强调，不能将阿米巴经营理解为工具，"在这里，必不可缺的就是正确而且明确的经营理念和经营哲学，只有这样的理念和哲学才能让全体员工没有任何疑虑，全身心地投入工作"①。

确立与市场直接挂钩的分部门核算制度。可以从四个方面来理解。首先，解决了在经营中需要及时数据的问题。面向未来，经营需要的不是过去的数字，而是现在的数字，因为滞后的数据只是反映了曾经的经营情况。如精密陶瓷是一种全新的材料，每月很少

①〔日〕稻盛和夫：《阿米巴经营》，曹岫云译，中国大百科全书出版社2016年版，第7页。

有重复的订单，几个月前的数据出来后，相关产品已经不再生产，已经没有了实际的意义，这样的核算制度无法应对不断变化的市场环境。其次，根据"销售最大化、费用最小化"原则，相信人的无限可能，全体员工不断努力，使得利润无限增加，企业实现长期持续的高收益。再次，依据分部门核算原理，让各个制造工序的领导与员工真切地感受到"销售"的存在，感受到"费用"的存在，把这个企业划分成若干小单位，小单位之间进行公司内部的买卖，推动他们产生销售最大化、费用最小化的热情。最后，财务知识专业性强，要求所有阿米巴长掌握是不现实的，因此稻盛和夫发明了单位时间核算表。当然，实行阿米巴经营制度的全过程，都必须以"作为人，何谓正确"作为贯穿始终的判断基准。

培养具有经营者意识的人才。把组织分成几个小的独立核算的单位后，小单位负责人就会产生自己是经营者的意识，就能够准确及时地把握自己小单位的情况，实现从"要我干"转变为"我要干"的立场转换。

实现全员参与经营，是为了解决劳资关系对立的问题，解决因此而产生的公司内部严重内耗的问题，而提出并且证明行之有效的一种设想，即建立一个"没有内部对立、劳资协调、共同奋斗的公司团队"①。在这样的公司团队内，经营者充分尊重劳动者的权益，劳动者充分考虑公司利益，为公司作贡献，公司成为一个像大家族一样的命运共同体，从而实现经营理念共有、信息共有，让全体员工在工作中感受到工作的价值，体验到工作的成就感。

然而，"阿米巴经营"并非将组织分得越小越好，而是需要满足三个条件。第一，切分的阿米巴是为了能够独立核算，必须有明确的收入，并且能够计算清楚获得这种收入所花费的支出。第二，作为最小组织的阿米巴，必须是能够独立完成一项业务的单位，有利于阿米巴长及阿米巴成员通过钻研创新来改进工作。第三，组织分割必须有利于贯彻执行整个公司的目标和方针。为了实现阿米巴经营的全员参与等三项目的，有时需要对现有的阿米巴进行切分，有时又需要把分得过细的阿米巴整合。阿米巴的定价，需要对价格有决定权的经营领导人具备有关劳动价值的社会常识。

---

① 〔日〕稻盛和夫：《阿米巴经营》，曹岫云译，中国大百科全书出版社2016年版，第31页。

阿米巴经营只有以哲学为基础，才能尽最大可能解决部门利益的对立，当争执加剧时，上一级领导调停时必须出自公道之心，作出公正的判断。

阿米巴经营的组织建构，需要服从以下三项原则。第一，划分小集体，明确职能。具体而言，要根据最低限度的职能，建立一个非常精简、没有丝毫赘肉的组织，让经营者看清楚经营的实际情况，清楚明白哪个部门赚了，哪个部门亏了，弄清楚各个部门的收支情况。有了合适的人才，新事业才能取得进展，所以要选拔年轻人才当阿米巴长，并且培养他们。第二，迅速应对变化的柔性组织。有效应对快速变动的市场，需要灵活高效的生产体制，甚至"要以'朝令夕改乃必要之举'为前提，敢想敢做，生气勃勃地开展事业"①。第三，支撑阿米巴经营的经营管理部门必须制定阿米巴经营正常运行的基础制度，正确迅速地反馈经营信息，正确管理公司资产。

---

① 〔日〕稻盛和夫：《阿米巴经营》，曹岫云译，中国大百科全书出版社2016年版，第86页。

（二）在经营财务上注重运用"会计七原则"

第一条原则：以现金为基础的经营原则。

以借贷方式筹措资金，会受到市场利率、资金供需变动以及政府、金融机构政策方针的影响，为开拓新事业或扩大生产设备的投资，往往因此而错失良机。由于这样的理由，从创业后不久，稻盛和夫经营企业就下功夫尽量增加手头的现金。其结果，不仅让京瓷成了具备高收益体质的企业，而且很早就实现了无贷款经营。

经营的基础归根结底要靠手头的现金，不是会计报表上有利润就可以安心了。经营企业必须经常考虑"赚到的钱哪里去了"，要增加手头的现金。"以现金为基础的经营"不仅可以给企业经营带来稳定性，而且可以构筑企业持续发展的基盘。所以这是一条基本原则。

第二条原则：——对应原则。

所谓"——对应原则"，就是物品和金钱流动必须开票，票据随物品和金钱一起流动。公司内彻底实行——对应原则，一张张票据上的数字累加起来，就成为公司整体的业绩，企业会计就表达了公司的真情实况。

第三条原则：筋肉坚实的经营原则。

企业的发展必须长期持续。为此，经营者必须塑造一个没有赘肉的、筋肉坚实的企业。这就叫"筋肉坚实的经营"。

对公司而言，所谓"筋肉"是什么？就是"人""物""钱""设备"这些能产生销售额和利润的资产，以及那些不能产生销售额和利润的多余的资产。

如果"即用即买"，手头只有必要的数量，用起来就会节约、珍惜。不仅如此，多余的管理费用不需要了，还能灵活应对市场的变化。"即用即买"原则现在已被许多企业所采用。这与"看板管理"方式是一致的。京瓷自创业不久，50多年前就开始贯彻这一方针，实现了"筋肉坚实的经营"。

第四条原则：完美主义的经营原则。

排除暧昧和妥协，所有工作都要追求完美。不管是研究开发还是制造现场，些微的差错就可能导致失败和不良品的发生，所以对工作必须要求完美。

不仅是做经营资料时要求完美主义，而且整个企业在努力完成目标时，必须要求全体员工一起贯彻"完美主义"。对于销售、利润以至开发研究工作的进度，对于工作的全体、全过程，都要求必须贯彻完美主义。不用说，贯彻了这种完美主义的企业，就能够克服任何形式的经济变动，推进企业成长发展。

第五条原则：双重确认的经营原则。

所有的票据处理和进款处理都有两个以上的人来做。贯彻双重确认的原则不仅是发现和防止差错的有效手段，严格遵守这项原则还有一个目的，就是塑造一个珍惜人的职场环境。人有脆弱的一面，偶然的一念之差，就会让人犯下过错。注意到人心脆弱的一面，为了要保护员工，所有的会计处理都要有复核的人进行，这种"双重确认的经营原则"是有效的。

第六条原则：提高核算效益的原则。

对于企业而言，提高自身的核算效益是重大的使命。为提高核算效益，在创业后不久，稻盛和夫就采用了叫作"阿米巴经营"的小组织独立核算制度。那是因为随着企业快速发展，把逐渐硕大化的组织分小，这样就能够以各个小的组织为主体开展事业。

在京瓷，由于采用"阿米巴经营"模式和"单位时间核算制度"，员工们，即使是刚进公司不久的新员工，也能确实掌握自己所在部门的经营目标和完成情况，明确地理解为了提高核算效益，现在自己必须干什么。

第七条原则：玻璃般透明经营的原则。

自京瓷创业以来，稻盛和夫一贯注重"以心为本"的经营。他认为，为了构建与员工相互信赖的关系，经营必须"透明"。

为此，根据企业周围的状况，现在领导人在思考什么，瞄准的目标是什么，要正确地传递给员工，这是很重要的。公司的现状，遭遇的课题，应该瞄准的方向，让员工们确切地知晓，就能形成公司的合力，将每位员工的力量凝聚起来。否则，就不可能达成高目标、克服困难。另外，现在订单有多少，与计划相比差多少，产生多少利润，利润是怎么使用的等，有关公司的处境状况，不仅要让干部，而且也要让基层员工都能一目了然。这也是实行"玻璃般透明经营"的一个方面。实行"玻璃般透明经营"还有一点很重要，就是领导人必须率先垂范，光明正大。决不允许领导人将企业的公款私用，或乱花招待费用。如果出现这种事情就会招致员工的叛离，道德的崩溃将像野火般蔓延，以致动摇企业经营的根本。

总之，稻盛和夫经营实学对中小企业成长发展的影响特别明显，所有接受调研企业都谈到了这个问题，可以分别从企业文化、产品研发、组织模式、现金经营思想、盈利水平、劳资关系等角度来总结这些案例。

　　深圳盛和塾塾生郭文英，她的企业技研新阳于1994年6月在广东省东莞市桥头镇成立，现在国内拥有8家子公司，业务涉及线路板制造、电子加工、自动化设备制造、信息化服务及管理咨询，现有职工6500人。2016年至2018年，下属子公司东莞技研新阳电子有限公司连续三年被评为东莞市"主营业务收入前20名企业"和"实际出口总额前20名企业"。

　　2007年，技研新阳在阿米巴经营的基础上首次建立"家文化"企业文化体系；2008年，为推动班组文化建设，技研新阳原创的班组文化圈（TCC，Teams Culture Circle）活动，让全体职工"快乐工作，健康成长"；2015年，升级为"人本精益文化"，鼓励职工围绕"技术立社"不断学习和创新，助力技研新阳转型升级和智能制造工厂打造。技研新阳建有自己的企业大学——新阳学院，开设从新人入职教育到高级职业经理班以及各种技能班，以便提升职工的综合素质、职业化水平；"新阳之恋"集体婚礼、新阳幼儿园、职工公寓房、各种节日问候等福利，让职工及家属倍感家的温暖。

2020年，技研新阳的使命由实施了26年的"通过企业活动培养可信赖的优秀人才"，升华为"追求全体新阳人物心双幸福的同时，用爱经营，创造价值，造福社会"后，经营管理层的使命感得到了很大的提升。2021年，几个重要的支柱子公司，均实现了年初的经营挑战目标，为员工物质幸福提供了优良的保障。通过近几年来参加盛和塾的各项活动，如六项精进、成功方程式等，新阳家人在奋斗中追求成长，以为客户创造价值为荣，全体新阳家人的幸福感也获得了很大的提升。展望未来，矢志扎根中国的技研新阳，以工业4.0和2025工业制造升级为核心，全面推动精益化、自动化、信息化，为实现"职工幸福、客户感动、基业长青"的百年新阳梦而努力奋进！

深圳盛和塾塾生刘天明介绍，四会富仕电子科技股份有限公司是一家新兴的民营高新技术企业，自2009年设立以来专注于高品质、高可靠性印制电路板（PCB）的研发、生产与销售，产品广泛应用于工业控制、汽车电子、交通、通信设备、医疗器械等领域。主要客户包括世界 500 强企业日立、松下等以及欧姆龙、安川电机、京瓷、广州数控、浙江禾川、希克斯、艾尼克斯等行业知名企业。2020 年 7 月于深圳证券交易所创业板上市。

公司持续以 30% 的规模高速扩张，现已建设完成一、二、三、四期工厂，五期工厂正在建设中。随着公司业务的拓展，人员的增多，管理难度几何级增长。2015 年，结缘盛和塾后，刘天明亲自学、用心学、持续学，愚学痴行，带动公司高管不断提升心性，全员共塑美好的心灵。

在稻盛和夫经营哲学的洗礼与阿米巴经营的持续推动下，员工们都能以为世界的更美好添砖加瓦的大义和人人都是经营者的意识，指导自己主动工作。员工精神面貌焕然一新，产量、品质、效率等得以快速提升。公司也因此跨入营收净利双增长的快速发展通道。

（三）在经营过程中推崇"六项精进"

"六项精进"是稻盛企业经营思想与理念的中心，

是将企业家的人格修炼放到企业所有经营要素的最高位置。

第一，付出不亚于任何人的努力。要想度过更加充实的人生，就必须比别人付出更多的努力，全身心地投入工作。"在经营企业中，最重要的就是这一条。这就是说，每一天都竭尽全力，拼命工作，是企业经营中最重要的事情。"[①] 拼命工作是一切生命都在承担的义务，自然界的动植物如此，人作为万物之灵也应如此，竭尽所能地工作是人理所当然的基本义务。只有热爱工作，才能做到埋头工作，才能产生"做出更好产品"的想法。痴迷于工作，热衷于工作，并付出超出常人的努力，会给我们带来丰硕的成果。这是稻盛和夫在工作中的真实体验，认为"这种体验不是空洞的理论，而是经营的实学"[②]。

第二，要谦虚，不要骄傲。古语曰"惟谦受福"，是指只有谦虚才能获得幸福。成功的人是那些内心具备燃烧般的激情和斗志并能做到谦虚内敛的人。在稻

---

① 〔日〕稻盛和夫：《六项精进》，曹岫云译，人民邮电出版社 2021 年版，第 23 页。

② 〔日〕稻盛和夫：《六项精进》，曹岫云译，人民邮电出版社 2021 年版，第 32 页。

盛和夫看来，人格要素中最重要的就是谦虚，当我们认定一个人高尚的时候，就不言自明地指出了这个人具备谦虚的美德。但是，即使是谦虚的人，在取得成功、获得较高地位之后，也常常会失去谦虚的态度，变得傲慢起来。有些人在年轻时谦虚努力，但随着时间的流逝不知不觉变得骄傲，甚至误入歧途。人的一生中要将"要谦虚，不要骄傲"深深地刻在自己的内心，是非常重要的。

第三，要每天反省。"吾日三省吾身"，我们要养成在每一天结束的时候，对这一天进行回顾和反省的习惯。回顾自己一天的言行，确认是否符合正确的做人原则。如果自己的行动或言语当中有值得反省之处，就必须加以改正。稻盛和夫认同詹姆斯·艾伦的《原因与结果的法则》一书所提出的观点，即人的心灵就像庭院，既可以理智地耕耘，在庭院里播种美丽的花草，也可以任其荒芜，让茂盛的杂草占满庭院，反省就是拔除心灵庭院的杂草，播种美丽的花草。每天进行反省可以促进我们人格的完善、人性的提升，因为每天的反省可以抑制自己的邪恶之心，让良心更多地占据我们的心灵。能够取得不断进步的人是那些"每天进行反省"的人。

第四，活着，就要感谢。每个人活着不仅需要大自然的恩惠，还离不开亲人、同事和社会的支持。只要这样想，就自然会萌生出感谢之心。因为产生了感谢之心，就可以自然地感受到幸福，可以使人生变得更加丰富、更加顺利。不要徒劳地抱怨、不满，而要坦诚地对目前拥有的东西表示感谢，并将这种感谢之心用"谢谢"的话语或者笑容向周围的人们传递。感谢的态度和话语不仅能让自己感到愉快，还能营造出和谐的氛围，可以使自己和周围的人更加平和、更加幸福。

第五，积善行，思利他。"积善之家必有余庆""好人有好报"，如果思善行善，你的命运就会朝着好的方向转变，事业也会朝着好的方向发展，我们的人生也会更美好。善，就是指待人亲切、正直、诚实、谦虚等，这也是做人应有的最基本的价值观。

第六，不要有感性的烦恼。人的一生中，每个人都会失败、犯错。但是，由于我们都是在不断失败的过程中成长起来的，所以即使失败也没有必要沉浸于悔恨之中。"覆水难收"，无休止地对已经发生的事情悔恨、烦恼是毫无意义的，这样还会引发心理疾病，甚至给自己的人生带来不幸。对已经发生的问题，不能无休止地烦恼、惶恐不安，反省自己的错误固然重要，但反省之后要用理性加以思考，不能再为此烦恼并付诸新的行动，义无反顾地走向新的起点开始新的生活，这样就能够开创人生的新局面。

稻盛和夫断言："除了拼命工作之外，世界上不存在更高明的经营诀窍。""六项精进"是搞好企业经营所必需的最基本条件，同时也是度过美好人生必须遵守的最基本条件。

深圳盛和塾塾生杨天智于 2017 年 7 月加入盛和塾。2017 年 10 月，杨天智第一次带领公司的部分高管参加"六项精进"，给他本人和公司员工很大的震撼，对于"六项精进"的智慧有了切身的体悟，也对稻盛和夫经营哲学的了解更近了一步。之后，杨天智公司陆续送了多批员工进行"六项精进"课程学习，截至目前，已有 96 名员工参加了"六项精进"课程。除了"六项精进"的研学，杨天智公司高管以及业务骨干等多次参加盛和塾开展的各类学习会以及游学，以更深入系统地学习稻盛和夫经营哲学。同时，杨天智意识到他对于公司员工的幸福关注度还不够，为提升员工幸福做的事还很少，于是2020年底，公司重新对使命愿景进行了梳理，升华了对员工幸福、客户幸福以及社会幸福的理念，并同步成立幸福委员会，以为员工办好事、办实事，逐步开展员工幸福落地的工作。过去三年中，员工的人均工资年增长20%~30%。

通过几年的稻盛和夫经营哲学学习，杨天智除了对自身更严格更自律之外，也更深刻理解到企业要长久稳定地发展，必须依靠全体员工的力量，而这需要依靠哲学的共有及核算体制的细化。公司目前的哲学学习已形成制度化，一方面，各部门会定期自行开展经营哲学学习会；另一方面，从2017年开始，公司就开始了事业部制分部门核算，2020年底公司又启动阿米巴经营2.0版，2021年以来，通过每月的经营检视会，公司的月预定和日核算工作日趋深入及系统化，已取得了显著的成效，员工的核算意识等日愈增强，为全员参与经营打下坚实的基础。

公司将继续深化稻盛和夫经营哲学学习，持续推动阿米巴经营，在保障员工物质幸福的基础上，帮助员工获得内心的成长以实现员工的精神幸福，与员工携手共创幸福企业。

（四）在经营底线上要备好"过冬"良方

稻盛和夫认为，萧条时期企业不应裁减任何一员。萧条时期应该发动全员营销，将更多从一线下来的员工派出去拜访客户，在总工作量减少的情况下，可以将多余的人力编入总务处，让他们修剪花木，打扫卫生，等到订单增加后再回到生产第一线。这样的措施不仅可以增强员工的安全感和归属感，而且更能增强危机中企业的凝聚力。

当然，稻盛和夫也强调危机期间企业应当节减经费，降低成本，但他所指的是企业应当尽量减少向外部订货的费用，减少除制造现场以外的资源消耗。

无论是石油危机、日元升值危机、亚洲金融危机，还是 IT 泡沫危机，京瓷和 KDDI 不仅没有出现过一次亏损，而且实现了企业发展的目标。即便是在全球性的金融危机中，当日本丰田、松下、日立等大企业纷纷因空前亏损而备受煎熬时，京瓷和 KDDI 仍然能产生巨额利润，并且没有裁减一个员工。

山东盛和塾理事长张传法从 2014 年开始加入盛

和塾，2019 年担任山东盛和塾理事长。他觉得通过经营哲学这个层面的学习，他个人的观念及家庭的经营都在发生变化，继而使企业发生了变化。在稻盛和夫经营哲学中学到的知识、方法、感悟是在其他培训班中学不到的。多年前，张传法曾花巨额学费到国内顶端培训机构参加培训，所学的管理学知识听起来管用，但实际上无法操作。特别是在企业面临低谷时，无法靠培训中学到的知识度过寒冬。张传法自己的企业就有这样的经历，最后靠着对稻盛和夫经营哲学的学习迎来了发展的春天。

第二章

稻盛和夫经营哲学
在中国的传播历程

凡成功者必有道。与松下幸之助、盛田昭夫、本田宗一郎相比，稻盛和夫提出了系统的哲学思想，实现了哲学思想与企业实践的高度统一，特别是对人生、社会乃至整个世界的理性思考，使稻盛和夫成为全球企业家尊崇与学习的对象。1983 年，盛和塾成立后，稻盛和夫经营哲学的传播从日本开始有组织地走向世界。20 世纪 80 年代末 90 年代初，京瓷公司进入中国市场，并在中国设立了电子和半导体、光伏、通信设备等领域的零部件生产基地。这些成果译介到中国后受到一些企业家的追捧，稻盛和夫经营哲学在中国得到广泛而持久的传播。

一、传播的主要阶段

　　稻盛和夫经营哲学从"作为人，何谓正确"出发建构是非善恶的判断标准，用通俗易懂的语言阐释其人生哲学、经营哲学、经营实学，并在企业经营实践中形成、验证和发展，特别是拯救日航的辉煌实践，把稻盛和夫推上了"神坛"。稻盛和夫经营哲学成为破解企业发展瓶颈的钥匙，也让跌宕起伏、先喜后忧的企业家找到了获得成功的力量，特别是在新冠肺炎疫情给很多中小企业带来致命打击的情况下，为生存寻找出路的诸多企业家开始转向学习稻盛和夫经营哲学。总体来看，稻盛和夫经营哲学在中国的传播分为四个阶段。

（一）多渠道传入阶段（1984 年至 2007 年）

这一阶段，自稻盛和夫经营哲学传入中国始，到中国第一个盛和塾——无锡市盛和企业经营哲学研究会成立，持续了近 23 年。这一时期，传播主体是多元的，传播的方式主要是通过媒体宣传报道、政府机构人员频繁往来、企业家协会论坛频开、科研院校设立专门研究机构、稻盛和夫多次到中国投资讲学等。

1. 媒体宣传报道

1984 年 11 月 27 日，《人民日报》第 2 版发表京瓷股份有限公司社长稻盛和夫署名文章《企业活力之我见》，这是官方最早介绍稻盛和夫企业经营理念的文章。该文是基于对"在中国推进现代化过程中，最重要的课题是怎样培植有活力的企业"而谈的看法。

稻盛和夫在介绍他成功创办的企业时说，"自1959 年在京都创立公司以来，目前已发展到年销售额二千八百亿日元、纳税前利润七百三十亿日元这样的规模，被高度评价为目前屈指可数的企业"①，回看创立之初还"只是一个有三百万日元资本、二十八名职工的小企业，以三百万日元资金和一千万日元借款用作设备和流动资金，根本想象不到企业会发展成为今天这样的情况，只想能发展成二、三百人的中小企业，就算很不错了"②，分析其原因是"全体职工富有活力。要想得到物质生活的幸福，除了拼命工作以外，是没

① 〔日〕稻盛和夫：《企业活力之我见》，《人民日报》1984 年 11 月 27 日。
② 〔日〕稻盛和夫：《企业活力之我见》，《人民日报》1984 年 11 月 27 日。

有其它手段的。这就要公司职工们理解一个真理：如果不依靠自助，即自身的努力，创造出利润，我们是不可能富裕起来的！"① 这实际上阐释了稻盛和夫经营哲学的一个重点，即企业成功的关键在员工。在谈到这家企业的发展经验时，稻盛和夫说："在这个技术革新日新月异的时代，商品的生命周期在不断缩短，在某种商品畅销期间，就要探索下一代商品，开发新的技术，引进新的设备，经常用新产品来统帅生产，这样一种持续不懈的努力是不可缺少的。"② 这里显然强调的是企业发展的活力来自创新，这为改革开放之初中国企业的发展提供了方向指引。

此后，国内媒体不定期对稻盛和夫进行新闻报道。1984 年至 2007 年，在《人民日报》有关稻盛和夫的报道达 17 篇，其中专访就有 4 次，分别是 2002 年 4 月 24 日《人民日报》第 7 版刊出《以哲学理念办企业——访京瓷公司名誉会长稻盛和夫》；2003 年 1 月 30 日《人民日报》第 7 版刊出《活力源自创造——日本京瓷公司印象》；

① 〔日〕稻盛和夫：《企业活力之我见》，《人民日报》1984 年 11 月 27 日。

② 〔日〕稻盛和夫：《企业活力之我见》，《人民日报》1984 年 11 月 27 日。

2004 年 7 月 29 日《人民日报》第 7 版刊出《经营大师的成功秘诀——访日本企业家稻盛和夫》；2006 年 12 月 1 日《人民日报》第 15 版刊出《日本，让太阳能造福人类》。

2005 年 11 月 21 日，阳光卫视节目主持人杨澜在东京 KDDI 的总部采访了稻盛和夫，畅谈稻盛和夫传奇的人生经历和丰富的经营思想，节目播出后产生了很大的影响。此后，中国的新闻媒体持续关注这位日本企业家。稻盛和夫先后接受中央电视台、河南电视台和中国多家报刊的采访。通过现代媒体，稻盛和夫的名字开始进入学术界和企业界，为越来越多的中国人所知晓。

期刊报道更多地聚焦在稻盛和夫经营管理方法上。例如，1994 年第 11 期《中国乡镇企业》杂志刊载了卞新华的文章《日本京都制陶公司的"变形虫式"管理》，介绍了稻盛和夫阿米巴经营理念。1994 年第 1 期《试验技术与试验机》刊载的《企业经营秘诀（一）》和《企业经营秘诀（二）》，介绍了稻盛和夫成功的经营理念。1996 年 1 月，由国际文化出版公司出版发行的《经营之圣——稻盛和夫论:〈新经营·新日本〉》是译介到中国的稻盛和夫的第一本著作。随后，

1996 年至 2003 年，《回归哲学——探求资本主义的新精神》①《追求成功的热情》《企业家成功之道》《京瓷的成功轨迹》《活法》等与稻盛和夫相关的书籍陆续出版，这些书籍成为早期了解稻盛和夫的著作，并受到广泛关注与好评。

稻盛和夫与政府机构人员频繁往来，他在日本关西财团以及在整个日本政商界的影响力举足轻重。我国政府在中日友好往来中，也十分看重稻盛和夫的影响。

2. 企业家协会组织论坛

1986 年，天津企业管理培训中心②成立，这个中心是在国家经委、中国企业协会领导下，由天津市经委直接管理，培训现代化管理人才的重要基地。该中心

---

① 参见〔日〕稻盛和夫、梅原猛：《回归哲学——探求资本主义的新精神》，卞立强译，学林出版社 1996 年版。

② 天津企业管理培训中心是中日两国政府的合作项目，筹建于 1983 年，正式落成于 1986 年 3 月 15 日，隶属于天津市人民政府，具有职业培训、企业咨询、对外交流、科研信息、学历教育等五项基本功能。为拓展中心的办学功能，适应发展社会主义市场经济对高层人才的需求，2004 年 1 月 20 日中共天津市委、天津市人民政府发文决定，依托中心成立天津市经理学院、中共天津市委工业工委党校、天津市国资委党委党校。中心下属天津市广播电视大学经委直属工作站、天津市格鲁职业技能培训中心、天津格鲁领导力培训中心、天津市经理学院、思科网络学院。

也是我国和日本政府的技术合作项目，由日方提供现代化教学设备，帮助培训师资，开发教材，是着眼于20世纪90年代和21世纪的中国和世界经济，培养具有开拓能力的社会主义企业家和经济领导干部的重要平台。

1997年2月，天津企业管理培训中心副主任杨达民率领天津市青年企业家代表团访日期间，在日本京都拜访了盛和塾事务局局长福井诚和诸桥贤二，以及盛和塾本部理事、日本将来时代国际财团理事长矢崎胜彦。此后，天津企业管理培训中心和天津企业管理协会一直是稻盛和夫经营哲学在中国传播的重要阵地。截至2007年，国家经贸委培训司主办了四届中日企业管理交叉借鉴国际研讨会和三届企业经营哲学国际研讨会。稻盛和夫经营哲学成为历次研讨会的主题之一。

1999年，天津成立了日本企业经营哲学研究会，这是继中国台湾地区于1995年11月成立盛和塾之后，我国第二个学习和研究稻盛和夫经营哲学的组织。在此影响下，2001年，山东省企业协会成立日本企业经营哲学研究会。同年，浙江省企业协会也开始通过各种方式学习和研究稻盛和夫经营哲学。

2001 年 10 月 28 日至 30 日，第一届中日企业经营哲学国际研讨会在天津举行，稻盛和夫率日本盛和塾32 名代表参加会议。稻盛和夫在会上作了题为《经营为什么需要哲学》的演讲。2002 年 5 月 19 日至 21 日，第二届中日企业经营哲学国际研讨会在南京举行，稻盛和夫率日本盛和塾92 名企业界代表参加会议，并作了题为《人生的意义》的演讲。第一、二届中日企业经营哲学国际研讨会的召开表明稻盛和夫经营哲学越来越受到中国学术界和企业界的重视。

天津企业管理培训中心原主任张世平谈到，国外相当多的人，包括一些著名政治家与经济学家，对中国建立社会主义市场经济体制，都认为不可思议。而稻盛和夫以其独到的眼光和超人的智慧，明确指出："我是赞成中国搞社会主义市场经济的，社会主义与市场经济不仅不是对立的，而且是可以融为一体，互相促进的，这是中国的创造，是对世界经济和人类社会的一个重大贡献。"[①] 这不仅是稻盛和夫对中国经济体制改革的深刻理解，而且是他 40 年企业经营实践的哲学

---

① 张世平：《当代中国为什么需要"稻盛"经营哲学》，《现代企业教育》2000 年第 5 期。

思考。这就决定了稻盛和夫经营哲学能够为中国企业界所接受并得到发扬光大。稻盛和夫多次谈到，市场经济无非是主张一切生产都要服从于市场的需要，按市场规律来进行，使人、财、物资源得以充分地配置与开发。社会主义是主张人与人之间的平等，使人在物、心两个方面都得到满足。作为一名真正的企业家，就应当把这两个方面统一起来。

3.科研院校设立专门研究机构

2001 年 10 月，东北师范大学稻盛和夫经营哲学研究中心成立，这是国内高校第一个专门研究稻盛和夫经营哲学的学术机构。东北师范大学稻盛和夫经营哲学研究中心发行季刊《日本学论坛》，从 2001 年第 4 期起，每期刊有"稻盛和夫经营哲学研究"专栏，2000 年至 2008 年刊载以稻盛和夫为主题的文章共48 篇，扩大了稻盛和夫经营哲学在中国学术界的影响。最早一篇是 2000 年第 2 期苏大军的《试论稻盛和夫经营哲学的传播及影响》，该文的研究即便在现在依然有较高的学术价值。2007 年 8 月，东北师范大学日本研究所钟放出版专著《稻盛和夫的经营哲学》，从稻盛和夫的生平、经营策略、经营特色、心学、利他思想、生态文明、传播与影响及文化渊源等方面全面介绍了稻盛和夫经营哲学，并在稻盛和夫经营哲学的基础上对中国经营哲学进行了思考。[①]

东北师范大学日本研究所每学年都要开设"稻盛和夫经营哲学研究"的课程，讲述稻盛和夫的人文理念、经营哲学和宗教精神。该课程以讲授为主，同时结合课堂讨论、企业经营录像等形式，力求理论联系实际，给学生以全新的感受。除世界经济专业外，国际政治、世界历史、日语语言文学等专业的同学也都选择了这门课程。[②]

4. 稻盛和夫在中国投资、办校、设奖

1985年，时任国务委员张劲夫一行前往日本考察了京瓷公司，稻盛和夫当场表示有意向中国赠送一套京瓷生产的太阳能发电设备。不久，中日新型能源项目合作启动，开启了稻盛和夫投资中国的序幕。随后，京瓷公司开始了一系列合作活动。1995年至2003

---

① 参见钟放：《稻盛和夫的经营哲学》，商务印书馆2007年版。
② 参见钟放：《稻盛和夫经营哲学学习讨论会纪要》，《外国问题研究》2008年第1期。

年，京瓷公司控股或参股的中国公司在广东东莞、上海、天津、贵州贵阳相继成立，并成为传播稻盛和夫经营哲学的重要载体，稻盛和夫经营哲学的影响力不断扩大。

设立"稻盛京瓷西部开发奖学基金"。为奖励中国西部地区品学兼优、经济上有困难的大学生，促进中国西部地区教育事业的发展和科技后备人才的成长，致力于促进中日友好关系的发展，2001年2月13日，稻盛和夫与日本京瓷株式会社通过中日友好协会，向中国友好和平发展基金会捐赠100万美元，设立专项基金"稻盛京瓷西部开发奖学基金"。基金于2001年9月启动，每年向西部12个省（自治区、直辖市）的12所大学的约240名大学生授予奖学金。以2013年度奖学金发放情况为例，共向兰州大学、四川大学、新疆大学、西藏大学、宁夏大学、贵州大学、内蒙古大学、云南大学、青海民族大学、广西医科大学、长治医学院、西北大学共计295人，发放奖学金1000—1250元不等、共计30.5万元。截至2021年4月，累计发放748.5万元，5079名学生受益。

成立"中日友好稻盛和夫国际学校"。2004年

8月11日，"中日友好稻盛和夫国际学校"在河北省石家庄市成立，稻盛和夫出席了揭牌仪式。京瓷公司每年向石家庄市第四十二中学提供100万元人民币，主要用于资助贫困学生，奖励品学兼优的学生；为石家庄市第四十二中学师生赴日本进修学习提供各方面的有利条件；进行校际间教育教学交流，组织日本学生到石家庄市第四十二中学学习汉语。

荣获"中日友好使者"称号。2004年4月5日，中日友好协会授予稻盛和夫"中日友好使者"称号。2006年9月21日，中国人民对外友好协会、中国友好和平发展基金会授予稻盛和夫"和平发展贡献奖"。此外，稻盛和夫还荣获东莞市荣誉市民、贵阳市荣誉市民、景德镇市荣誉市民、天津市经济顾问、青岛市经济顾问、景德镇市高级经济顾问以及南开大学、南京大学、新疆大学、东北师范大学、中山大学、景德镇陶瓷大学等国内多所大学名誉教授、客座教授等。

稻盛和夫来华交流期间，包括曹岫云在内的中国企业界关注稻盛和夫经营哲学的诸多优秀分子，开始有机会与其接触。中国盛和塾地方分塾的第一任理事长多与稻盛和夫有过直接的接触，并深受其影响。

（二）组织化传播阶段（2007 年至 2010 年）

2007 年，曹岫云先生在江苏无锡发起设立"无锡市盛和企业经营哲学研究会"（通称"无锡盛和塾"），标志着稻盛和夫经营哲学在中国进入组织化传播阶段。

1. 第一家稻盛和夫经营哲学研究中心

2007 年 3 月 10 日，无锡盛和塾成立，并坚持以学习、交流、实践、传播为方针，举办了一系列大型学习活动。2007 年 7 月 4 日，无锡盛和塾开讲仪式在无锡太湖饭店召开，稻盛和夫带领 100 余位日本企业家与会，并作题为《经营为什么需要哲学》的报告。2011 年 12 月 17 日，与无锡市工商联共同举办有 200 人参加的稻盛和夫经营哲学报告会。

2. 电视台邀请做专题节目

2008 年 5 月 11 日，中央电视台《对话》栏目播出了以"中国制造和日本制造"为题的专题节目，稻盛和夫与时任国务院发展研究中心副主任陈清泰作为主要嘉宾对谈了中日制造业的差别及各自的问题。

此后稻盛和夫受邀于 2009 年 6 月 9 日到清华大

学、6月10日到北京大学、11月2日到第18届中外管理官产学恳谈会上发表演讲，稻盛和夫经营哲学受到广泛关注。2009年10月1日，稻盛和夫还受邀参加中华人民共和国国庆观礼，此后稻盛和夫开始每年在中国举行一至两次与企业经营相关的大型演讲报告。因2010年稻盛和夫拯救日航的巨大影响，中央电视台《对话》栏目又分别于2011年1月和9月以"稻盛和夫的经营哲学"与稻盛和夫话经营，做了两次专题节目，反响十分强烈。

3. 期刊专栏报道稻盛和夫

《中外管理》最早报道稻盛和夫的是1996年第3期《日本京瓷集团董事长稻盛和夫谈企业家应有的心态》一文，2004年第2期又刊载了《我向日本"经营之圣"稻盛和夫请教》。《中外管理》杂志总编杨沛霆于2005年撰文《领导者的"活法"感悟稻盛和夫》，2009年创办稻盛和夫经营哲学系列专栏，10多年间不断推广传播稻盛和夫经营哲学，特别是对于中国企业的学习和实践，以及针对本土化实践中产生的问题与经验总结，进行了大量的传播和报道，提出稻盛和夫经营哲学"中国化"概念。2009年9月，《中外管理》杂志第一次率领30多位中国企业家组成的代表团以非盛和塾塾生的特约观察员身份，亲临日本横滨的"盛和塾世界大会"。2009年11月，在第18届中外管理官产学恳谈会的现场，稻盛和夫受邀亲临现场，与海尔创始人张瑞敏展开对话，立刻在国内引起轰动，使得稻盛和夫经营哲学在中国迅速发酵、传播。

4. 稻盛和夫著作陆续译介到中国

这一阶段，稻盛和夫的著作也更多地译介到中国。

曹岫云翻译的《拯救人类的哲学》是稻盛和夫与日本哲学家梅原猛的第三次对谈，该书于2009年10月由中国人民大学出版社出版，2015年8月由机械工业出版社出版，至今已重印8次。曹岫云翻译、陈忠审校的《在萧条中飞跃的大智慧》，吕美女翻译的《人为什么活着——稻盛和夫的哲学》，廖月娟翻译的《活法（贰）——超级"企业人"的活法》，林慧如翻译的《活法（修订版）》，蔡越先翻译、曹岫云审校的《活法叁——寻找你自己的人生王道》，陈忠翻译、曹岫云审译的《阿米巴经营》从多个角度介绍了稻盛和夫经营哲学，产生了一定的影响。这段时间国内出版关于稻盛和夫的书籍还有《要规模还是要利润》《活法》等，成为介绍稻盛和夫的主要著作。

（三）公司化运营阶段（2010 年至 2017 年）

这个阶段的标志性事件是稻盛和夫（北京）管理顾问有限公司注册成立。2010 年 3 月 19 日，由稻盛和夫亲自倡议和发起成立了稻盛和夫（北京）管理顾问有限公司并担任名誉董事长，同时设立了稻盛和夫经营哲学研究中心（即盛和塾），并授予"盛和塾""稻盛和夫"等品牌在中国的使用权。至此，稻盛和夫经营哲学在中国的组织化传播阶段已经完成，公司化运营阶段全面开启，曹岫云在这一阶段发挥了至关重要的作用。

1. 成立中国盛和塾

稻盛和夫（北京）管理顾问有限公司是由稻盛和夫提议设立、直接投资、亲自担任名誉董事长的中日合资企业。公司以"传播稻盛经营哲学，促进企业健康发展"为使命；经营理念是在追求全体员工物质与精神两方面幸福的同时，为人类社会的进步发展作出贡献；企业精神是持续付出不亚于任何人的努力。通过建立稻盛和夫经营哲学研究中心（盛和塾），举办稻盛和夫亲自参加并发表演讲的经营哲学报告会，编辑出版杂志、光盘、书籍，组织赴日游学团，举办学习会、培训班，导入阿米巴咨询等服务，帮助企业导入稻盛和夫经营哲学，打造企业高收益体制。此外，京瓷阿米巴管理顾问（上海）有限公司隶属于京瓷集团，是在京瓷创始人稻盛和夫的要求下于 2012 年 6 月成立，秉承"希望中国企业通过导入正统的阿米巴经营来提高自身经营能力，为中国社会的进步与发展作出贡献"宗旨，致力于为中国本土企业导入正统京瓷阿米巴经营的全资咨询公司。

2. 持续到中国传播经营哲学

据不完全统计，自 1975 年首次到中国至 2016 年 9 月，稻盛和夫先后来华超过 150 余次，33 次应邀来中国发表主题演讲；8 次受到党和国家领导人接见，7 次接受中央电视台专访。中国企业家积极赴日本参加盛和塾世界大会。1992 年，稻盛和夫提议举办第一届盛和塾"全国大会"（后来更名"世界大会"），第一届

"全国大会"的参会人数为256人，此后参加人数逐渐增加。2019年，日本国内与海外共计4791名塾生汇聚一堂，召开了为期两天的学习会。中国企业家出国参会，一方面是盛和塾塾生访学的一部分，另一方面的重点是同世界各地塾生交流。世界盛和塾大会共召开了27届，其中中国企业家参加了十多次，人员规模不断扩大。

2010年6月11日至12日，稻盛和夫经营哲学北京报告会在北京国际会议中心召开，78岁高龄的稻盛和夫抱病出席了会议并作了题为《经营为什么需要哲学》的演讲。会议促进了中日企业家的交流及两国企业家对领悟和学习稻盛和夫经营哲学起了积极作用。2010年10月30日至31日，稻盛和夫经营哲学青岛国际论坛举行，稻盛和夫出席论坛，并作题为《经营十二条》的演讲。2011年9月24日至25日，稻盛和夫经营哲学广州报告会举行，稻盛和夫出席报告会，并作题为《阿米巴经营带来企业持续发展》的演讲。2011年10月22日至23日，稻盛和夫经营哲学大连报告会举行，稻盛和夫出席报告会，并作题为《京瓷会计学》的演讲。2012年6月2日至3日，稻盛和夫经营哲学重庆报告会举行，稻盛和夫出席报告会，并作题为《领导者的资质》的演讲。2013 年 10 月 12 日至 13 日，稻盛和夫经营哲学成都报告会举行，稻盛和夫出席报告会，并作题为《企业治理的要诀》的演讲。2014 年 6 月 28 日至 29 日，稻盛和夫经营哲学杭州报告会举行，稻盛和夫出席报告会，并作题为《干法：经营者应该怎么工作》的演讲。2015 年 3 月 2 日，稻盛和夫出席在中国台湾召开的稻盛和夫市民论坛，并作题为《人为什么活着？》的演讲。2015 年 5 月 15 日至 16 日，稻盛和夫经营哲学上海报告会举行，稻盛和夫出席报告会，并作题为《企业为什么一定要实现高收益》的演讲。2016 年 9 月 3 日至 4 日，稻盛和夫经营哲学沈阳报告会举行，稻盛和夫出席报告会，并作题为《把萧条看作企业再发展的飞跃平台》的演讲。2017 年 6 月 24 日至 25 日，稻盛和夫经营哲学第 10 届年度报告会在深圳举办，稻盛和夫以视频形式作了题为《企业的自我革新——从京瓷新产品开发谈起》的演讲。……2020 年 11 月 14 日至 15 日，盛和塾第 13 届企业经营报告会在郑州举办，稻盛和夫以视频形式作了题为《四种创造》的演讲。稻盛和夫在来华期间，中国的企业家与之频繁接触，近距离感受这位经营之圣、人生之师的情怀，并成为许多人人生的一段美好经历。

3. 新闻媒体专题报道

这段时间，中央电视台采访稻盛和夫达7次之多，其中《对话》栏目3次，分别为2008年一次，2011年两次，节目播出之后，影响很大。2011年1月，中央电视台《对话》栏目邀请日本航空公司会长稻盛和夫与中国企业家进行交流对话。2011年9月，《对话》栏目再次邀请稻盛和夫作为嘉宾，与近2000位中国企业家共同分享交流经营哲学，气氛十分热烈。通过对话，寻求中国企业转型、管理升级的他山之石。

2009年11月，中央电视台《商道》栏目对稻盛和夫进行了独家专访。2010年6月，中央电视台《环球财经连线》栏目对稻盛和夫进行专访。同时，由于稻盛和夫接掌日航，使日航起死回生，在较短的时间内实现了赢利，造就了日航奇迹，国内各大媒体围绕日航事件对稻盛和夫进行集中报道，稻盛和夫进一步被国内企业界关注。2015年2月，中央电视台《你从哪里来》栏目专访稻盛和夫。

4. 曹岫云与系统化译介稻盛和夫著作

曹岫云是推动稻盛和夫经营哲学在中国传播的关键人物。2001 年 10 月 28 日，在天津举办的第一届中日企业经营哲学国际研讨会上，曹岫云初遇稻盛和夫，自此便开始了稻盛和夫经营哲学的学习和传播之路。2007 年，曹岫云在无锡率先发起成立盛和塾，对推动稻盛和夫经营哲学在中国的传播具有里程碑意义。2010 年成立稻盛和夫（北京）管理顾问有限公司，曹岫云担任董事长。

曹岫云先后出版关于稻盛和夫的译著 27 部，编译 2 部，审译 5 部，著作 4 部，并为各书写了推荐序言，同时还翻译了稻盛和夫来华以及每年在盛和塾世界大会上的全部演讲文稿。除 2009 年翻译《拯救人类的哲学》和翻译《在萧条中飞跃的大智慧》外，曹岫云系统译介稻盛和夫著作主要从 2010 年开始。此时恰是曹岫云和稻盛和夫筹办盛和塾北京总部即稻盛和夫（北京）管理顾问有限公司之际，受京瓷公司委托翻译了稻盛和夫的大量著作。这些著作主要有《你的梦想一定能实现》《干法》《活法》《稻盛和夫的实学：阿米巴经营的基础》《敬天爱人：从零开始的挑战》《经营为什

么需要哲学》《经营十二条》《六项精进》《坚守底线》
《心灵管理》《活法（叁）：人生的王道》《心法：稻盛
和夫的哲学》《燃烧的斗魂》《领导者的资质》《调动员
工积极性的七个关键：稻盛和夫经营问答》《稻盛和夫
语录 100 条》《阿米巴经营》《活法（贰）：成功激情》
《京瓷哲学：人生与经营的原点》《提高心性，拓展经
营》《干法（图解版）》等，都体现了曹岫云极力介绍
稻盛和夫对中国企业家学习的贡献。

　　曹岫云另著有：《稻盛和夫的成功方程式》《稻盛
和夫记》《稻盛哲学与阳明心学》《稻盛和夫与中国文
化》。在《稻盛哲学与阳明心学》自序中说，稻盛和夫
哲学用一个字表达就是"爱"；用两个字表达就是"利
他"；用三个字表达就是"致良知"；用四个字表达就
是"敬天爱人"；用五个字表达就是"为人民服务"。[①]
曹岫云还在其 2021 年新作《稻盛和夫与中国文化》从
经营的哲学要从中国圣贤那儿学、深沉厚重和无私利
他、"致良知"和"作为人，何谓正确"、"格物致知"
和"致知格物"、用良知唤醒良知、"天人合一"和

---

　　① 参见曹岫云：《稻盛哲学与阳明心学》，东方出版社 2018 年版，
自序，第 3—4 页。

"宇宙意志"、"实事求是"和"心纯见真"、"知行合一"和"唯物主义"、《了凡四训》揭示的法则、"敬天爱民"和"敬天爱人"、"以德为本"和"孝为德本"等十一个方面深入剖析，让稻盛和夫经营哲学更加易懂好学。

此外，围绕稻盛和夫拯救日航的巨大成功，国内先后译介了《日航重生：稻盛和夫如何将破产企业打造为世界一流公司》《改法：稻盛和夫拯救日航的40项意识改革哲学》《稻盛和夫的最后一战：拯救日航》《日航的奇迹：稻盛和夫的善念创造的奇迹》。这个时期，喻海翔翻译了《创造高收益（壹）：稻盛和夫亲自讲述企业经营的16个重要问题》《创造高收益（贰）：稻盛和夫亲自讲述活用人才的16个重要问题》，吕美女翻译、曹岫云审译了《创造高收益（叁）：稻盛和夫在34则实践经营问答中呈现经营哲学精髓》。喻海翔翻译、曹岫云审校了《活法（伍）：成功与失败的法则》，喻海翔翻译了《对话稻盛和夫》，本山博与稻盛和夫合著的《对话稻盛和夫：人的本质》，梅原猛与稻盛和夫合著的《对话稻盛和夫：向哲学回归》和《对话稻盛和夫：话说新哲学》，稻盛和夫编著《对话稻盛和夫：领导者的资质》，濑户内寂听和稻盛和夫合著《对话稻盛和夫：利他》。曹寓刚翻译的《思维方式》，曹寓刚翻译的《稻盛和夫阿米巴经营实践：全员参与经营主动创造收益》，曹寓刚翻译的《心与活法》，叶瑜译、曹寓刚审校的《成法》相继发行。关于《稻盛和夫自传》就有多部，有陈忠翻译、曹岫云审校版，有杨超翻译版，还有曹寓刚翻译、曹岫云审译版。

2015年《稻盛开讲》系列丛书《稻盛开讲1：人为什么活着》《稻盛开讲2：经营力》《稻盛开讲3：作为人，何谓正确？》《稻盛开讲4：付出不亚于任何人的努力》《稻盛开讲5：六项精进》《稻盛开讲6：企业摆脱经济危机的五大方略》共6册由东方出版社陆续出版发行，在中国企业家中传播。此外，由陈忠翻译的《提高心性，拓展经营》，徐萌翻译的《活力》，邓超翻译的《稻盛和夫：母亲的教诲改变我的一生》，周征文翻译的《心法（之叁）：一个想法改变人的一生》，窦少杰翻译的《匠人匠心：愚直的坚持》，裴立杰翻译的《成功的真谛》。这个时期，日本学者撰写稻盛和夫的书籍也被翻译过来，比如，加护野忠男、谷武幸、三矢裕合著的《稻盛和夫的实学：阿米巴模式》，刘建英译、曹岫云审译，由东方出版社 2013 年出版发行。在关于阿米巴经营模式方面的著作中，有企业管理出版社出版发行了《阿米巴经营之组织进化》《阿米巴经营之员工进化》《阿米巴组织设计与划分》《阿米巴经营哲学》，中华工商联合出版社出版发行了《阿米巴经营之道》、中国经济出版社出版发行了《阿米巴经营会计》。

5. 参加盛和塾世界大会

自无锡盛和塾成立后，中国盛和塾开始组团参加盛和塾世界大会。自 2010 年以来，中国盛和塾先后多次组织人员赴日本横滨参加盛和塾世界大会，每次人数 300 至 400 人。2016 年 7 月 13 日至 14 日，中国盛和塾派出 304 人参加盛和塾第 24 届世界大会；2017 年 7 月 19 日至 20 日，中国盛和塾有 444 人参加盛和塾第 25 届世界大会；2018 年 10 月 1 日至 2 日，中国盛和塾有 409 人参加盛和塾第 26 届世界大会；2019 年 7 月 17 日至 18 日，中国盛和塾有 450 人参加盛和塾第 27 届世界大会。本书中所提到的诸多各地一级塾的理事长、副理事长多在此列。

（四）发展新阶段（2017年至今）

这个阶段传播的特点是塾生迅猛增长，分塾逐步
规范。2019年底，稻盛和夫关闭了日本、巴西、美国
等除中国外的盛和塾，这对中国盛和塾来说，既是机
遇又是挑战。

机遇与危机同在，风险与收益并存，机会总是对
有准备的人而言的。中国盛和塾自组建以来，特别是
2010年稻盛和夫（北京）管理顾问有限公司成立以来，
形成了上下贯通、步调一致的组织模式，为中国盛和
塾常态化成长奠定了基础。如在各地盛和塾陆续成立
的基础上，2017年成立盛和塾全国理事会、执委会、
监事会等，明确盛和塾大义名分、建立规范运营各项
制度及推出稻盛经营学学习体系等。接着又着手筹备
稻盛商道研究院，编制哲学、实学课程。同时，筹备
稻盛公益基金会。松散的学习组织走上相对规范的
道路。

1.中国盛和塾扬帆再起航

1991年，稻盛和夫提出在日本发展"100塾5000

人构想"（2008 年实现 5000 人的目标，2018 年实现分塾 100 家的目标），宣布组织全国化。1993 年，一位日裔巴西企业家在某杂志上阅读稻盛和夫特辑后，强烈希望在巴西成立分塾，通过积极努力，第一个海外塾"盛和塾巴西"成立了。随后，海外盛和塾拓展到美国、中国、韩国等。经过 36 年的发展，在 2019 年末日本盛和塾解散时，日本国内有 56 家分塾 7300 人，日本国外有 48 家分塾 7638 人，塾生人数共计 14938 人。2019 年，稻盛和夫宣布日本盛和塾解散，以曹岫云为代表的中国盛和塾负责人积极沟通争取，最终取得了稻盛和夫本人的授权同意，中国盛和塾不解散，并可以继续发展。2019 年 3 月，稻盛和夫（北京）管理顾问有限公司盛和塾全国理事会执行委员会通过的《关于在中国继续加强盛和塾发展的决议》指出，2019 年 1 月 15 日，在日本京都召开了稻盛和夫（北京）管理顾问有限公司临时董事会，稻盛和夫听取了稻盛和夫（北京）管理顾问有限公司关于盛和塾在中国发展情况的汇报以及在中国设立稻盛资料馆和成立稻盛和夫经营研究院的构想，对于盛和塾在中国的发展和取得的成就给予了高度的评价和赞誉，并明确表示在中国还是可以用"盛和塾"这个名称，稻盛和夫（北京）管理顾问有限公司依然作为中国盛和塾的总部，联系各地的分塾。

2. 公司化运营步入正轨

中国盛和塾从无到有，特别是 2010 年稻盛和夫（北京）管理顾问有限公司成立后，各地盛和塾陆续组建设立，稻盛和夫来华举办报告会，不断接受媒体采访，稻盛和夫著作以及关于稻盛和夫的书籍高效翻译出版。

2017 年中国盛和塾成立 10 周年之际，盛和塾共识了使命发心，确立了集体领导，制定了运营规范，厘清了学习体系，盛和塾的发展进入规范化的发展阶段。2017 年 5 月 6 日，全国各地盛和塾理事长齐聚无锡，重新明确中国盛和塾的使命：帮助企业家提高心性、拓展经营，实现员工物质与精神两方面幸福，助力中华民族伟大复兴，促进人类社会进步发展。2018 年，盛和塾全国理事会执行委员会（以下简称"执委会"）成立。2019 年在执委会下设发展建设、交流活动、学习践行、员工幸福、财务管理、规范运营 6 个专业委员会。2019 年提出指导盛和塾发展的十六字方针：动机至善，私心了无；共同参与，公开透明。2021 年，盛和塾进一步设立监事制度。2019 年 8 月，盛和塾在法律层面梳理了总部与分塾之间的关系，确立了授权运营机制。解决了影响盛和塾发展的根本性问题和主要矛盾，凝聚了全体塾员的心，提出了发展百年盛和塾的愿景，为全体塾员树立了信心和热情。2021 年，盛和塾进一步明晰了平台定位、学习定位，完善了监督机制。

为了推动盛和塾塾生的系统化规范化学习，2017 年盛和塾推出了稻盛和夫经营哲学教学体系 1.0 版，2020 年推出了稻盛和夫经营哲学教学体系 2.0 版，为稻盛和夫经营哲学学习工作的开展指明了方向。2021 年，盛和塾进一步提出盛和塾是以使命为驱动的企业家学习稻盛和夫经营哲学的平台。盛和塾以稻盛和夫经营哲学为根本，以教学体系为指引，全面系统帮助塾生开展稻盛和夫经营哲学学习。同时，2020 年 5 月 18 日，盛和塾开展了全国理事长定期线上学习交流会：每天打卡，半个月一次小组线上学习，一个月一次全国理事长线上学习。通过共同的学习，提升了对稻盛和夫经营哲学的理解，提高了心性，加强了理事长间的交流互动，加强了大家情感的联结，同时起到了各个分塾相互促进、相互加持的作用。

这一阶段，盛和塾名称不断规范。自 2010 年北京总塾成立之后，各地盛和塾纷纷成立，只有山东塾、广东塾、河南塾、湖南塾是以省的名字出现，其他一级塾都是以直辖市或较大的市的名字出现。随着后来的发展，2019 年开始，国内各塾开始与行政区域设置统一起来。比如，浙江盛和塾前身是杭州盛和塾。2011 年 12 月，一群较早接触稻盛和夫经营哲学并志同道合的浙江企业家因为结缘稻盛和夫经营哲学，本着"利他"之心发起并筹建了杭州盛和塾。筹建伊始，7 位发起人以学习交流的形式，不定期举办稻盛和夫经营哲学沙龙、读书会等活动，逐渐吸引了身边的企业家经营者一起参与，2012 年正式成立盛和塾杭州分塾筹备处，正式塾生 23 人。2014 年，杭州盛和塾理事会承办了稻盛和夫经营哲学杭州报告会，稻盛和夫塾长亲临现场参加会议并亲自为会议报告发表人作出点评。此次会议吸引了来自全国各地 2000 位企业家抵达现场，聆听稻盛和夫塾长的讲话。

随着组织的不断发展壮大，塾生人数不断增加，为了方便塾生更好地展开学习活动，杭州盛和塾以小组为单位展开组织学习，推行阿米巴经营模式。还根据区域不同，成立了各个区域的二级分塾，其中包括：杭州城北分塾、杭州城南分塾、杭州城东分塾、杭州城西分塾、杭州城中分塾、绍兴分塾、金华分塾、常州分塾、湖州分塾、义乌浦江分塾筹备处。2021年，杭州盛和塾正式更名为浙江盛和塾。

这样，我们预测在未来一段时间，稻盛和夫经营哲学的传播和践行将获得更多人的欢迎和重视，盛和塾将在一定的时间内，获得平稳、快速的发展。

3. 新冠肺炎疫情防控期间彰显大爱

新冠肺炎疫情是百年来全球发生的最严重的传染病大流行，至今依然没有得到完全控制。疫情暴发以来，盛和塾也在积极行动，盛和塾总部呼吁全国各地盛和塾尽己所能为武汉捐赠物资和善款。

2020年2月3日，盛和塾全国理事会执委会、稻盛和夫（北京）管理顾问有限公司紧急发布了盛和塾工作重心调整的决议。根据决议内容，盛和塾将集中精力解决困难塾生的帮扶问题，并将其作为未来一段时间唯一的工作。截至2020年2月5日，各地盛和塾和塾友企业已向全社会捐赠 2039.2 万元，口罩 181 万余只，防护服、护目镜、消毒液等防护用品价值总金额超百万元。2 月 6 日至 10 日，为搭建盛和塾线上互助平台，帮助塾友企业提升现金流、消化库存，为向困难塾友企业提供实际的帮助，盛和塾积极面向全体塾友开展了为期 5 天的问卷调研工作。本次调研共收回 1687 份有效数据，为盛和塾开展进一步的困难塾友企业帮扶打下基础。疫情防控期间，为便于总部与各地分塾联络，及时应对各地分塾需求，盛和塾积极调整组织架构，全国 34 家分塾划分为 6 个大区，每个大区总部都有一名伙伴负责联络对接，及时响应。2 月 10 日，以帮助盛和塾塾友企业渡过难关的盛和塾抗击疫情互助平台正式上线。2 月 11 日，盛和塾打造"线上抗击疫情专题课程"，顺利实现了日本稻盛和夫经营哲学实践者在线分享，截至 3 月 25 日，12 节线上课程，共有近 4 万人在线学习，分享经营者收到的赞赏收入全部捐赠给了"战役天使守护计划"。2 月 14 日，盛和塾发布"关于疫情防控期间盛和塾互助平台限时推广的政策说明"。2 月 15 日，盛和塾互助平台限时推广活动正式启动。全国 33 家地区盛和塾在同一时间段，将同一家塾生企业的产品销售信息，推送到8000余名塾生面前，乃至更广的范围，集中力量共同帮扶同一家在新冠肺炎疫情防控期间遭遇经营困难的塾生企业。截至2020年3月4日，各地盛和塾和塾友企业共计捐赠了3767.6万元的现金和价值3000余万元的防疫物资。3月14日，盛和塾抗疫互助平台为期一个月的限时推广活动结束。共推介了31家塾友企业的258件商品。全国28个地区的盛和塾塾友参与了互助活动。活动期间，盛和塾总部，各地分塾理事团队、事务局伙伴，共同陪伴塾友企业打磨宣传语、话术，选择产品，设计群接龙界面等，开展线上营销。随着疫情防控形势持续向好，各地塾友企业在做好疫情防控的同时陆续复工复产。盛和塾组织塾友加强稻盛和夫经营哲学学习、实践，克服危机、战胜困难，为后续的发展做好准备。3月19日，盛和塾发布致全体塾友的一封信，盛和塾全国执委会决议通过了《关于延长盛和塾在册塾生有效期的决定》，并再次讨论提出当前将盛和塾的工作重心全面调整到组织塾友开展各种形式的线上学习，帮助塾友企业快速发展。3月23日，盛和塾发布"稻盛和夫线上课堂"即将上线的通知，帮助广大塾生在疫情后期能够便捷、持续、系统地学习稻盛和夫经营哲学。4月26日，稻盛和夫经营哲学线上学习平台"稻盛和夫线上课堂"正式开始运营。5月26日，盛和塾召集各地盛和塾理事长开展稻盛和夫经营哲学线上学习，通过集体学习提振信心、提升心性、提升能力。稻盛和夫在《把萧条看作企业再发展的飞跃平台》中谈道："要以积极开朗的态度去突破困境。萧条越是严重，我们越是要咬紧牙关，坚忍不拔，下定决心，无论如何也要闯过这道难关。决不悲观，必须以积极开朗的态度应对难局。在这基础之上，重要的是要认识到'萧条是成长的机会'，企业就是应该通过萧条这样一种逆境来谋取更大的发展。"不管困难还是挫折，不管机遇还是挑战，盛和塾与全体塾友在一起，叩问良知、活出真我，共同迎接美好灿烂的明天。

同时，盛和塾还采取各种方式，体现对受困企业的成长关心。比如，2020年4月26日，由稻盛和夫（北京）管理顾问有限公司联合中国盛和塾34个分塾共同推出的稻盛和夫线上课堂，赠送湖北企业经营者学习卡，助力他们通过学习稻盛和夫经营哲学，探索出一条符合自身发展需求的经营之道，突破因新冠肺炎疫情所带来的复工复产困境。曹岫云与北京创思工贸有限公司董事长、创始人郑小军进行了线上对话，在以"疫情中实践利他哲学的典范"为主题的线上分享中，共同探讨了疫情防控期间有关稻盛和夫经营哲学的实际运用与实施问题，为疫情后各地企业的突围出谋划策。

二、盛和塾架构设置与运行体系

2007 年，无锡市盛和企业经营哲学研究会成立，使中国盛和塾从无到有。2010 年，稻盛和夫（北京）管理顾问有限公司成立，各地盛和塾开始相继建立，稻盛和夫经常来华举办报告会，接受媒体采访，关于稻盛和夫的书籍高效翻译出版，目前全国有各类一级塾 34 个。2017 年相继成立盛和塾理事会、执委会、监事会等机构，明确盛和塾大义名分，使松散的学习组织走上相对规范的道路。总的看来，确定现有盛和塾发展的一些关键制度、关键体系，确定基本理念和规范，使其运行安全、高效、合规。

（一）确立中国盛和塾的使命

稲盛和夫说："日本向中国学习了一千年，而且中国的圣人贤人是从'道'上，就是从根本的为人之道上教我们的。我要把学习中国圣贤的文化，应用于企业经营的经验，告诉中国的企业家，让他们少走弯路。"在中国成立盛和塾的目的是帮助企业经营者提高心性、拓展经营。后续围绕经营哲学的定位不断地学习，虽然提法挺多的，但都不足以完整地呈现其思想。稲盛和夫经营哲学包括其人生哲学、经营哲学、经营实学。经营实学是一个非常重要的支撑点，如果只讲人生哲学、经营哲学也是不全面的。从中国盛和塾来看，将稲盛和夫的思想定义为经营哲学，为我们的发展设定了边界。

盛和塾的使命：帮助企业家提高心性，拓展经营；实现员工物质和精神两方面的幸福；助力中华民族伟大复兴；促进人类社会进步发展。

盛和塾的愿景：让幸福企业遍华夏。

盛和塾的价值观：努力、谦虚、反省、感谢、利他、乐观。

（二）构建系统化规范化学习平台

把盛和塾打造成企业家学习交流的平台是中国盛和塾的职责所在。2017 年，稻盛和夫（北京）管理顾问有限公司开始组织盛和塾内各方力量系统梳理稻盛和夫经营哲学的体系。以前学习稻盛和夫经营哲学，因为没有学习体系，许多塾员不知道从哪里下手，不知道该如何学。经营企业首先要有经营哲学，哲学是根基、是方向，但同时也不能忽视实学的重要性。作为盛和塾总部，我们的任务就是系统梳理稻盛和夫的经营思想，使哲学和实学并行学习，相互交替，而不是有先有后。

2017 年，盛和塾总部制定了稻盛和夫经营哲学学习指南，开启了稻盛和夫经营哲学学习的转折点。这时，盛和塾执委会也在思考，中国盛和塾如此旺盛的生命力的原因何在，中国盛和塾存在的目的与意义是什么。2019 年 8 月，盛和塾执委会提出了指导发展的十六字方针，即"动机至善，私心了无；共同参与，公开透明"，以此来推动盛和塾的发展。同时，盛和塾开始走向更加规范有序的发展道路，以品牌授权运营的形式开始运行，明确了盛和塾是以企业化管理的形式发展的。

通过品牌授权运营的形式在各地开展企业化经营发展盛和塾，以十六字方针为宗旨，通过有效监督制约机制，实现企业盈利全部用于稻盛和夫经营哲学的推广和践行，而不是成为个人营利的机构。之所以这样，是与盛和塾在中国发展的历史相关的。盛和塾在中国发展的早期，由于没有统一的指导思想，在运行上有公司化运营、有民非运营、有个人化的操作，这些都对盛和塾的规范化运营提出了迫切要求。

2020 年，盛和塾总部又升级了 2.0 的学习体系，2.0 的学习体系系统而全面地将稻盛和夫经营哲学组成各个部分之间的内在关系与学习路径总结和提炼出来。每个节点之间的逻辑关系，每一节点学习什么、怎么学，都是比较明确的。盛和塾的组织建设也不断完善，特别是出台了盛和塾的运营规范，把盛和塾定义为一个企业经营者的学习平台。未来这个平台最重要的两件事：一是做好服务，培养专业的专职人员；二是不断完善学习体系。

（三）建立比较完善的制度体系

盛和塾在中国分为总塾、一级塾、二级塾、三级塾，在总塾成立了执委会，各级分塾成立了理事会、监事会等。在一级塾成立事务局，二级塾成立事务分局，三级塾建立服务站。

同时，盛和塾执委会下设了发展建设、学习践行、交流活动、财务管理、规范运营、员工幸福6个委员会，统筹盛和塾在中国的事务。发展建设委员会的主要职责是推进各分塾组织开展《盛和塾运营发展规范》的常态化学习；完成各分塾授权协议签署，推进盛和塾正规化运营；完成盛和塾青企分塾的发起筹备工作。学习践行委员会的主要职责是推进各分塾组织开展《盛和塾学习指南2.0》的学习和宣讲；指导帮助各分塾开展教学体系2.0的落地实施；常态化地开展盛和塾学习体系内的课程评审工作。交流活动委员会的主要职责是积极推进优秀标杆企业游学工作的开展，并制定相应配套制度和政策；推进盛和塾各分塾相互帮扶工作的深入开展，并研究制定相应指导文件；研讨盛和塾开展塾员交流工作的范畴，制定相关的政策，明确红线。财务管理委员会的主要职责是指导帮助各地盛和塾监事会开展日常财务监察、公示的工作；定期组织开展对北京总塾财务监察及各地盛和塾财务监督抽查工作；每年一次审查各分塾监事会的年度财务监察报告；继续完善相关财务监察工作的配套制度和指导文件。规范运营委员会的主要职责是推进各分塾监事会开展《盛和塾监事会执行规范》的常态化学习；指导帮助各地盛和塾和监事会开展日常规范运营工作；定期组织开展对各地盛和塾规范运营的抽查工作；每年一次审查各分塾监事会的年度规范运营监察报告。员工幸福委员会的主要职责是推进开展盛和塾专职人员薪酬体系的建立；推进开展盛和塾专职人员职级晋升的体系建设工作；推进开展盛和塾专职人员心性能力提升的学习体系建设。

（四）盛和塾的架构设置

中国的盛和塾由北京总塾及各地方分塾共同组成。其运营模式是，通过北京总塾在各地设立分塾（即分中心）并授权具备相应资质和能力的法人机构共同开展运营，以帮助企业经营者研究、学习和实践"稻盛和夫经营哲学"为目的的会员制学习平台。盈利全部用于自身发展、回馈塾生及回报社会。

北京总塾是盛和塾北京总部，是一级塾、直属分塾的设立、指导和监管机构。盛和塾在中国的架构是，北京总塾经稻盛和夫授权，统领各地分塾，也就是各地成立盛和塾需要经北京总塾同意并授权。这些经授权成立的地方分塾，属一级塾。

以各省、自治区、直辖市和各地市作为区域划分依据，由北京总塾根据业务发展需要，在每个区域发起设立一个或多个一级塾或直属分塾（分中心），通过授权当地具有资质和能力的法人机构，共同合作开展培训和组织企业经营者研究、学习和实践稻盛和夫经营哲学的活动。通过一级塾（分中心）的设立实现带动整个区域盛和塾业务的快速发展，每个一级塾（分中心）与其授权合作法人机构根据本区域内的地区划分可以共同发起设立各二级塾（分中心）、三级塾（分中心）。

一级塾（分中心）设立理事会、监事会，理事会由理事长 1 人、秘书长 1 人（根据需要设立）、副理事长及理事若干名组成，监事会由监事长 1 人、监事若干名（根据需要设立）组成。

二级塾（分中心）是由一级塾（分中心）与其授权合作法人机构共同主导发起设立的，以地级市或副省级城市（含直辖市区级行政单位）为区域划分的分塾，接受上一级塾的管理、指导和监管，其设立需要向北京总塾报备通过后方可设立。二级塾（分中心）设立理事会，理事会由理事长1人、副理事长及理事若干名组成。

三级塾（分中心）是指由一级塾（分中心）与其授权合作法人机构和二级塾（分中心）共同主导发起设立的，以县级市（包括地级市或副省级市区级行政单位）为区域划分的分塾，接受上一级塾的管理、指导和监管，三级塾（分中心）的设立需要向北京总塾报备通过后方可设立。三级塾（分中心）设立理事会，理事会由理事长1人、副理事长及理事若干名共同组成。

此外，为更好地培训和帮助大型企业学习稻盛和夫经营哲学，总部还设立了驻企服务站，也叫企业塾。一般是销售规模大于50亿元（人民币）且企业人数超过1000人的法人企业设立分中心（企业塾），其塾生人数不少于50人，为一级塾。特邀企业董事长或总经理担任理事长，同时任命事务局局长1人。盛和塾一般设有事务局、理事团队和监事团队3个机构。事务局，相当于秘书处，是盛和塾总塾和各一级塾（分中心）设置的专职服务部门。

　　总塾事务局在北京总塾直接领导下，负责支持、帮助、指导各地授权合作法人机构开展日常工作。主要职责包括制定盛和塾相关制度、规定和管理办法等；指导各级盛和塾事务局开展日常工作；帮助各级盛和塾组织各类专项活动；检查各级盛和塾学习体系落地情况等。总塾事务局局长由稻盛和夫（北京）管理顾问有限公司总经理提名，董事会通过并任命，负责领导总塾事务局工作，协助总经理开展工作，对总经理负责。一级塾（分中心）事务局是各一级塾（分中心）在当地授权合作法人机构的专职服务部门，是由一级塾（分中心）理事会直接领导，负责开展本塾日常服务工作及帮助、指导各下级塾开展日常服务工作的常设机构。

　　盛和塾全国理事会是由包括北京总塾代表、各一级塾、二级塾、三级塾理事长组成的，是共同讨论如何更好地帮助企业家提高心性、拓展经营、促进盛和塾发展的重要机构。其具有广泛代表性，在学习、践行、发展等重大问题上，可以通过多种形式发表意见和建议，帮助加强盛和塾自身建设以及推动稻盛和夫经营哲学更加广泛地传播和践行。盛和塾全国理事会执行委员会，是盛和塾全国理事会常设机构，由 13 名委员组成，是盛和塾的最高决策机构，负责盛和塾发展方向、政策、方针的制定以及总塾的财务预算及重大事项的决策，下设专业委员会作为工作机构。

为尽快达成盛和塾的使命和愿景，真正发挥盛和塾整体优势，各一级塾（分中心）需要设立监事会，监事会需具备履行监事职责的能力。一级塾（分中心）须设立监事会，监事会由监事长 1 人、监事（含监事长 3~5 人）组成。二级塾（分中心）根据塾员规模设监事 1 人或设立监事会（含监事长 3~5 人）。三级塾（分中心）不作具体要求。

监事会职责：一是对本塾及其下属二级塾、三级塾定期进行财务检查（月度、季度或半年）；二是对本塾及其下属二级塾、三级塾违反法律、法规、公司章程及公司股东协议的行为进行监督；三是对理事会、事务局违反国家法律、法规、盛和塾运营规范的行为进行监督；四是对理事会、事务局执行盛和塾执委会或总塾颁布相关规定执行情况予以监督；五是对理事会、事务局执行理事会相关决议情况进行监督；六是针对以上监督情况，每季度或半年向塾员大会提出监察报告；七是在次年 2 月 28 日以前向盛和塾执委会财务管理委员会、规范运营委员会提交上一年度财务和规范运营监察报告，当年的 7 月 31 日前提交上半年财务和规范运营监察报告；八是监事要列席理事会会议，监督理事会按照章程举行会议和作出决议并公开。

对监事长、监事任职资格条件，也提出了以下要求。一是对稻盛和夫经营哲学和盛和塾强烈认同，并身体力行地实践稻盛和夫经营哲学；二是通读稻盛和夫经营哲学书籍，对稻盛和夫经营体系有较深的理解和感悟；三是每年须参加全国报告会（两年内不得少于 1 次）；四是对于稻盛和夫经营哲学的传播做到动机至善；五是实事求是、坚持原则，勇于直面问题；六是监事任职期间不得在本塾内部兼任其他任何职务；七是接受盛和塾执委会规范运营委员会和财务管理委员会的工作指导，并予以配合。

在选举及任期上，一级塾（分中心）监事会成员由各二级塾（分中心）塾员大会或塾员代表大会，采用公开、差额、无记名投票选举选出 1 名或者 3~5 名二级塾监事，由各二级塾（分中心）根据本塾塾员占比一级塾（分中心）总人数比例，确定推荐担任一级塾（分中心）的监事人数。一级塾（分中心）监事长候选人通过自荐或他人推荐的形式从一级塾（分中心）的监事中选举产生。选举采用公开、差额、无记名投票选举，要求每位参选人公开竞选，并发表竞选宣言，须有超过 2/3 一级塾（分中心）的监事代表参加投票，选举有效。任期为两年一届，可连任。

盛和塾有统一的标准 LOGO。具体见图 2—1。

图2-1 盛和塾统一LOGO

三、盛和塾的空间分布

目前，盛和塾在中国共有 35 家一级塾，都归中国盛和塾北京总塾（以下简称"北京总塾"）统领。一级塾下又设二级塾，归一级塾统领。地方各分塾的运行在总塾的原则框架下可以根据具体情况开展。

（一）盛和塾在中国的分布

自 2007 年无锡盛和塾成立至 2021 年 12 月底，一级盛和塾在中国的数量已达 35 个（含 1 个筹备处，1 个企业塾）。数量发展见图 2—2。

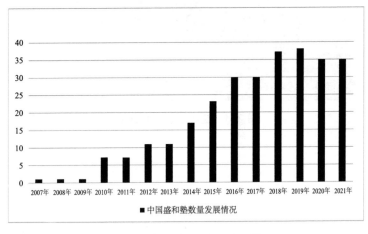

图 2-2　中国盛和塾数量发展情况

从区域看，华东地区有 6 个一级盛和塾和 1 个筹备处（无锡塾、上海塾、浙江塾、温州塾、宁波塾、南京塾、合肥筹备处），华北地区 6 个一级盛和塾（北京塾、山东塾、太原塾、呼和浩特塾、河北塾、天津塾），东北地区 4 个一级盛和塾（大连塾、辽宁塾、黑龙江塾、长春塾），华南地区 5 个一级盛和塾（广东塾、福建塾、深圳塾、南宁塾、香港塾），华中地区 6 个一级盛和塾（江西塾、湖南塾、西安塾、河南塾、襄阳塾、武汉塾），西北地区 3 个一级盛和塾（银川塾、新疆塾、西藏塾），西南地区 3 个一级盛和塾（重庆塾、成都塾、贵阳塾）。企业塾 1 个（中天塾）。区域分布详见图 2—3。

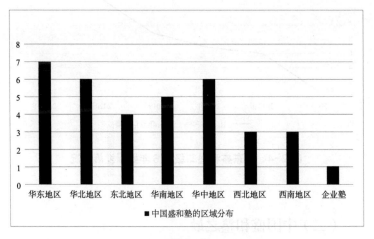

图 2-3　中国盛和塾的区域分布

以山东为例，山东省有一级盛和塾 1 个，二级盛和塾 18 个，其中青州分塾成立于 2016 年；高密分塾、济南分塾、临沂分塾、淄博分塾、青岛分塾成立于 2017 年；潍坊分塾成立于 2018 年；聊城分塾、烟台分塾成立于 2019 年；泰安分塾、威海分塾、济宁分塾、德州分塾、东营分塾成立于 2020 年；枣庄分塾、菏泽分塾、日照分塾、滨州分塾成立于 2021 年。山东盛和塾分布详见图 2—4。

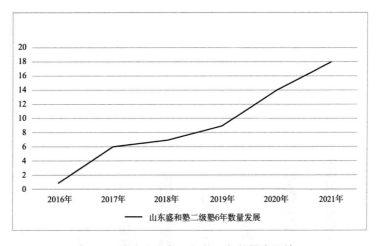

图 2-4　山东盛和塾二级塾 6 年数量发展情况

（二）中国盛和塾之最

中国区域发展不平衡，各地企业发展程度也不一样，各企业在发展过程中的经营理念也不尽相同，接受稻盛和夫经营理念也存在先后之别。比如，中国最早设立学习稻盛和夫经营哲学的学习型组织是曹岫云等人在无锡设立的。除此之外，中国盛和塾还有以下之最。

1. 稻盛和夫（北京）管理顾问有限公司成立后第一个一级塾——北京盛和塾

北京盛和塾，成立于 2010 年，是由中国盛和塾授权发起设立，在北京地区组织企业经营者学习和实践稻盛和夫经营哲学的学习平台，也是全国第一家参与创办首届稻盛和夫经营哲学报告会的地方盛和塾。北京盛和塾是稻盛和夫（北京）管理顾问有限公司成立后建立的第一家地方分塾，也是全国第一家代行中国盛和塾职能的地方盛和塾，对外与日本企业家交流，对内代管全国未建分塾地区的塾生。北京盛和塾划分为通州、海淀和亦庄 3 个二级分塾，以及丰台、朝阳一组、朝阳二组、朝阳三组、朝阳四组、廊坊、榆林等学习小组。

近年来，北京盛和塾蓬勃发展，截至 2021 年 12 月 31 日，北京盛和塾有在册塾生 663 名。事务局现有

6名工作人员。北京盛和塾根据塾生企业的特点组织多种多样的学习和实践活动，帮助塾生和塾生企业成长发展。尤其是新冠肺炎疫情暴发以来，分塾和小组的学习活动主要以线上形式为主，既解决了塾生奔波之苦，又节约了时间成本，经营困惑也得到了高效解决。同时，北京盛和塾根据塾生的学习需求，会组织月度经营发表会、半年会、年会、线上公益课程等，以及与稻盛和夫经营哲学相关的课程和游学参访活动。理监事团队成员率先垂范，带动塾生学习和践行。

北京盛和塾自成立以来，在学习稻盛和夫经营哲学方面起到了带头示范作用。2010年6月11日至12日，首期稻盛和夫经营哲学报告会在北京举办，1100余名来自全国各地的企业家出席此次盛会，稻盛和夫在报告会上讲授《经营为什么需要哲学》，本次报告会为盛和塾在中国的发展奠定了坚实基础。2011年8月12日，举办稻盛和夫经营哲学全国行——北京站学习会活动。2012年5月10日至11日，组织"访天津京瓷，学稻盛经营哲学"游学活动。2013年4月12日，举办"稻盛经营哲学与实学的有效融合"系列讲座，百余名塾生齐聚一堂，共同学习讨论稻盛塾长经营实践的思想产物——"经营十二条"和阿米巴经营模式。2014年6月，王卫东在稻盛和夫经营哲学杭州报告会以《实践稻盛经营学，实现员工幸福》为题，在稻盛塾长面前作经营体验发表，稻盛塾长给予现场点评。2015年4月，北京盛和塾第一期"六项精进"研讨会开课。2016年4月19日，举办企业如何推进哲学共有——2016年两岸塾生经营分享会，应北京塾邀请，台湾地区盛和塾组织塾生企业家团队来京游学，共同交流企业实现哲学共有的方式方法。2018年6月，北京盛和塾组织塾生参访台湾地区优秀塾生企业。2021年9月25日，北京盛和塾经塾生代表大会选举产生第四届理事会和监事会。

2. 第一个以省命名的盛和塾——山东盛和塾

以2010稻盛和夫经营哲学青岛国际论坛举办为契机，由稻盛和夫（北京）管理顾问有限公司、青岛知行合一管理咨询有限公司及5位青岛企业家杨晨光、王传铸、王成莹、高思诗、魏增祥作为自然人，开始筹备成立山东盛和企业经营研究中心，并于2011年1月20日正式注册成立山东盛和企业经营研究中心（社会组织）。为更好地运营发展，经山东盛和塾第五届理事会研究决定，2020 年 4 月 9 日在山东盛和企业经营研究中心的基础上，注册成立山东盛和塾文化传播有限公司，新公司保持公益化发心、商业化运作，全体股东承诺分红全部无偿捐献用于公益、零薪酬、退出无偿转让所持股份。

山东盛和塾文化传播有限公司是由稻盛和夫（北京）管理顾问有限公司授权的在山东省范围内唯一合法的盛和塾运营机构。

3. 塾生最多的盛和塾——广东盛和塾

2011 年 7 月，由 2 家企业法人与 10 位认同并致力于传播且积极践行稻盛和夫经营哲学的广东企业家共同发起成立广东盛和塾企业管理促进中心。9 月 25日，稻盛和夫亲自为广东盛和塾揭牌。广东盛和塾自成立以来至 2021 年底，已注册塾生企业达到 1929 家，塾生企业员工近 40 万人，盛和塾塾生企业大多为中小企业。广东盛和塾划分为十大地区市塾，分别为：广州盛和塾、佛山盛和塾、东莞盛和塾、深圳特区盛和塾、江门盛和塾、中山盛和塾、珠海盛和塾、潮汕盛和塾、惠州盛和塾、肇庆盛和塾。广东盛和塾和各地市塾每月举办各种学习活动，促进塾生相互学习，帮助塾生企业家在提高心性的同时，拓展企业的经营发展。

4. 唯一企业盛和塾——中天盛和塾

企业成立盛和塾，打破了地区盛和塾的纵向限制，实现了跨区域的横向关联。2017 年 1 月，中天控股集团董事长楼永良首次倡导以稻盛和夫经营哲学"付出不亚于任何人的努力"的精神促进中天转型发展。2018 年，中天塾成立，起初有塾生 52 人，2019 年塾生人数为 114 人，2020 年塾生人数为 85 人，2021 年塾生人数为 103 人。2019 年，中天塾根据子公司情况，分别成立了总部分塾、美好分塾等 6 个分塾。企业塾之前还有 3 个，即康恩贝塾、奥康塾、白象塾，但在 2020 年之后由于种种原因都解散了。企业塾的特点就是企业规模大，跨区域，在多个省份有分公司或子公司，企业高层对学习稻盛和夫经营哲学有共识，企业集团成立盛和塾，企业高管及下属企业负责人都是塾生。

四、盛和塾塾生的来源和特征

中国盛和塾的塾生[1]主要是中小企业经营者，以民营企业为主，也有国企加入。申请成为盛和塾塾生有两个条件：一是企业在中国注册，守法经营的营利或非营利组织的经营班子成员；二是愿意学习、研究和实践稻盛和夫经营哲学，赞同提高心性、拓展经营这一基本原则。塾生也享有相应的权益，一是免费登录学习，平台有："稻盛和夫线上课堂""盛和塾官网""学在盛和塾小程序"；二是免费订阅全年四期《稻盛和夫经营研究》内部学习资料；三是免费参与各地盛和塾组织的每日线上读书打卡、月度线下小组学习活动；四是以塾员待遇参加各地盛和塾举办的大型学习会和培训活动；五是以塾生待遇参加各地盛和塾举办的国内外游学活动；六是以塾生待遇参加每年举办的盛和塾企业经营报告会；七是以优惠价格购买相关的学习资料和文创产品。

---

[1] 有的地方称塾生，有的地方称塾员，在这里统一表述为"塾生"。

（一）塾生的数量发展

从中国盛和塾塾生数量增长的趋势看，除2007年至2009年发展缓慢之外，之后，塾生人数逐年有明显增长：2010年塾生数为334人，2011年塾生数为897人，2012年塾生数为1335人，2013年塾生数为1483人，2014年塾生数为1264人，2015年塾生数为2003人，2016年塾生数为3009人，2017年塾生数为4655人，2018年塾生数为6745人，2019年塾生数为8123人，2020年塾生数为9725人，2021年塾生数为15592人。数量增幅详见图2—5。

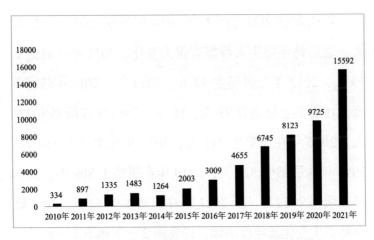

图2-5　中国盛和塾2010—2021年在册塾生数据

2021年是中国盛和塾塾生人数发展较快的一年，

比上年度增长 60.3%，平均月增长 5%（除 2 月份有所下降外）。详见图 2—6。

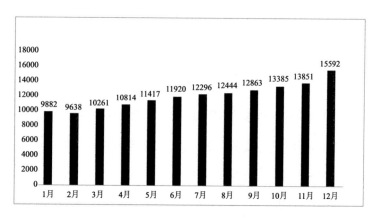

图 2-6　中国盛和塾 2021 年各月塾生变化情况

以山东盛和塾为例，自 2010 年设立之初有塾生 47 人，之后每年塾生人数都有很大变化。2011 年在册塾生 73 人，2012 年在册塾生 99 人。2013 年、2014 年略有下降，在册塾生分别为 93 人、86 人。2015 年在册塾生 121 人，2016 年在册塾生 211 人，2017 年在册塾生 434 人，2018 年在册塾生 521 人，2019 年在册塾生 809 人，2020 年在册塾生 1299 人，2021 年在册塾生 1753 人。山东盛和塾塾生变化及年度增幅，详见图 2—7 和图 2—8。

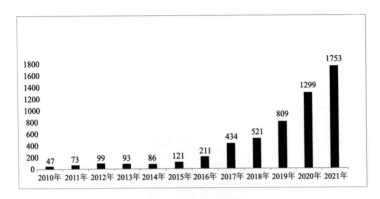

图2-7 山东盛和塾塾生数量变化

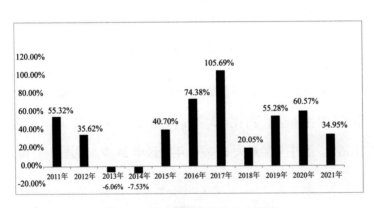

图2-8 山东盛和塾塾生年度增幅

（二）塾生以35岁以上具有大学学历的中年男性为主，入塾人数逐年增加，以青岛为例

以山东青岛为例，截至2021年11月底，青岛分塾共有塾生215人。

从性别看，男性 143 人，占比 66.51%；女性 72 人，占比 33.49%。见图 2 —9。

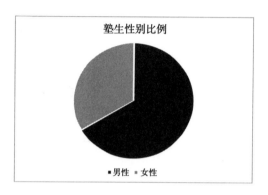

图 2-9　青岛盛和塾塾生男女性别比例

从年龄看，35 岁及以下 45 人，占比 20.93%；35 岁至 50 岁 146 人，占比 67.91%；50 岁及以上 24 人，占比 11.16%。其中年龄最大 60 岁，年龄最小 24 岁。见图 2 —10。

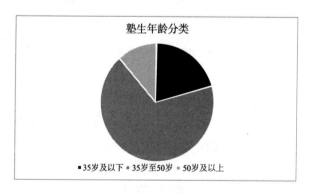

图 2-10　青岛盛和塾塾生年龄分类

从加入盛和塾时间看，2010 年入塾 1 人，2011 年入塾 2 人，2015 年入塾 4 人，2016 年入塾 6 人，2017 年入塾 6 人，2018 年入塾 15 人，2019 年入塾 25 人，2020 年入塾 66 人，2021 年入塾 90 人。见图 2 — 11。

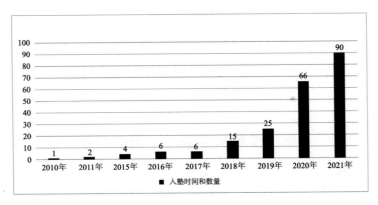

图 2-11　青岛盛和塾塾生入塾时间和数量

从学历看，研究生学历 9 人，占比 4.19%；大学学历 172 人，占比 80%；中专学历 6 人，占比 2.79%；高中及以下学历 28 人，占比 13.02%。见图 2 — 12。

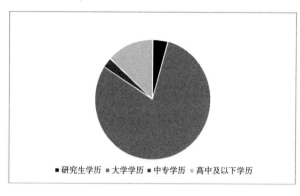

■ 研究生学历 ■ 大学学历 ■ 中专学历 ■ 高中及以下学历

图 2-12　青岛盛和塾塾生学历情况

（三）塾生多数从事第二、第三产业，以青岛为例

经对青岛盛和塾 215 名塾生所从事行业类别看，基本上涵盖了 18 个行业。其中，从事农林牧渔业 10 人，占比 4.65%；从事制造业 54 人，占比 25.12%；从事电力、热力、燃气及水生产和供应业 2 人，占比 0.93%；从事建筑业 10 人，占比 4.65%；从事交通运输、仓储和邮政业 11 人，占比 5.12%；从事信息传输、软件和信息技术服务业 13 人，占比 6.05%；从事批发和零售业 26 人，占比 12.09%；从事住宿和餐饮业 18 人，占比 8.37%；从事金融业 14 人，占比 6.51%；从事房地产业 2 人，占比 0.93%；从事租赁和商务服务业 5 人，占比 2.33%；从事科学研究和技术

服务业 14 人，占比 6.51%；从事水利、环境和公共设施管理业 5 人，占比 2.33%；从事居民服务、修理和其他服务业 4 人，占比 1.86%；从事教育 8 人，占比 3.72%；从事卫生和社会工作 6 人，占比 2.79%；从事文化、体育和娱乐业 11 人，占比 5.12%；从事公共管理、社会保障和社会组织 2 人，占比 0.93%。各行业比例见图 2—13。

■农林牧渔业	■制造业
■电力、热力、燃气及水生产和供应业	■建筑业
■交通运输、仓储和邮政业	■信息传输、软件和信息技术服务业
■批发和零售业	■住宿和餐饮业
■金融业	■房地产业
■租赁和商务服务业	■科学研究和技术服务业
■水利、环境和公共设施管理业	■居民服务、修理和其他服务业
■教育	■卫生和社会工作
■文化、体育和娱乐业	■公共管理、社会保障和社会组织

图 2-13　青岛盛和塾塾生所在行业类别分布

（四）塾生的发展变化

盛和塾成立以来，不仅会员人数不断增加，学习质量也不断提高。中国盛和塾已有数十位塾生的企业先后上市。如此多的优秀企业家将稻盛和夫视为人生的楷模，将学习稻盛和夫经营哲学视为经营企业的营养来源，这一现象十分罕见。

学习稻盛和夫经营哲学之后，员工数量都在不同程度增加，以青岛塾塾生的企业为例。员工数为 10 人以下的企业有 29 个，占比 13.49%；员工数为 10~49 人的企业有 120 个，占比 55.81%；员工数为 50~99 人的企业有 29 个，占比 13.49%；员工数为 100~499 人的企业有 32 个，占比 14.88%；员工数为 500 人以上的企业有 5 个，占比 2.33%。员工数量占比见图 2—14。

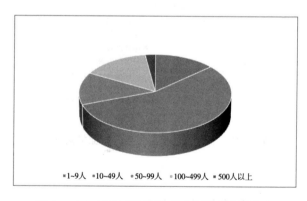

■1~9人　■10~49人　■50~99人　■100~499人　■500人以上

图 2—14　青岛盛和塾塾生企业员工数量占比

学习稻盛和夫经营哲学之后，企业盈利变化情况。利润率在 5% 以下的有 14 个，占比 6.51%；利润率 5%~10% 的有 40 个，占比 18.60%；利润率 10%~15% 的有 52 个，占比 24.19%；利润率 15%~20% 的有 34 个，占比 15.81%；利润率 20% 以上的有 75 个，占比 34.89%。

五、传播平台

稻盛和夫经营哲学思想的传播以盛和塾的活动为中心，通过各种途径传授稻盛和夫的经营思想。盛和塾创办于 1983 年春，应日本京都部分青年企业家向稻盛和夫提出"给我们讲解应该如何开展经营"的愿望而开办的，最初只有 25 名会员，名为"盛友塾"，属学习型组织。1989 年，在大阪分塾成立之时更名为"盛和塾"，既是"事业隆盛，人德和合"之意，又是从稻盛和夫的姓和名中各取一字的组合。盛和塾在历经 39 年的经营后圈子不断扩大，一时成为企业家学习稻盛和夫经营哲学的主要平台。

（一）学习分享活动

中国各地盛和塾根据地方企业发展实际，开展不同形式的学习等活动。以广东盛和塾为例，就不定期开展各种形式的各塾理事团拜会、新生见面会、塾友例会、日本游学、巡讲会、报告会、小组会、月会等。2018 年，广东盛和塾共开展 10 次新塾生见面会、5 次日本游学、6 次巡讲会、1 次团拜会、1 次年会，加强了塾生之间的交流与学习分享。中天塾 2019 年度共开展学习活动 49 次，分享诵读 1698 次，心得分享 679次，录音分享 957 次。

（二）翻译出版物

截至 2021 年 11 月底，稻盛和夫作品在中国已翻译出版单行本超过 60 本，涉及企业经营、哲学思想、个人自传等多个方面。稻盛和夫很多著作都是畅销书。以《活法》为例，在 2005 年首次发布就占据新书销量首位，至今国内销量突破 550 万册。《活法》《心法》《心：稻盛和夫的一生嘱托》《干法》《京瓷哲学：人生与经营的原点》《稻盛和夫的实学：经营与会计》《稻盛和夫阿米巴经营实践：全员参与经营主动创造收益》

等在中国累计销量超过 1300 万册。

（三）稻盛和夫经营哲学年度报告会

自 2010 年至 2021 年底，稻盛和夫经营哲学年度报告会已经举行 13 次。稻盛和夫总是克服各种困难亲临报告会现场或通过视频方式作专题演讲，每次都有成百上千名中外企业家参加会议，会上有数名企业家交流学习体会，在企业界引起强烈反响。2021 年，稻盛和夫经营哲学年度报告会因新冠肺炎疫情推迟。具体活动详情见表 2—1。

表 2—1　稻盛和夫经营哲学年度报告会情况

时间	活动名称	演讲题目	地点	参会人数
2010.06.11 —— 12	稻盛和夫经营哲学北京报告会	经营为什么需要哲学	北京	1000 余名
2010.10.30 —— 31	2010 稻盛和夫经营哲学青岛国际论坛	经营十二条	青岛	800 余名
2011.09.24 —— 26	稻盛和夫经营哲学广州报告会	阿米巴经营带来企业持续发展	广州	1800 余名
2011.10.22 —— 23	稻盛和夫经营哲学大连报告会	京瓷会计学	大连	900 余名
2012.06.02 —— 03	稻盛和夫经营哲学重庆报告会	领导者的资质	重庆	1700 余名

时间	活动名称	演讲题目	地点	参会人数
2013.10.12 —— 13	稻盛和夫经营哲学成都报告会	企业治理的要诀	成都	1500 余名
2014.06.28 —— 29	稻盛和夫经营哲学杭州报告会	干法：经营者应该怎么工作	杭州	2000 余名
2015.05.15 —— 16	稻盛和夫经营哲学上海报告会	企业为什么一定要实现高收益	上海	2500 余名
2016.09.03 —— 04	稻盛和夫经营哲学沈阳报告会	把萧条看作企业再发展的飞跃平台	沈阳	1700 余名
2017.06.24 —— 25	稻盛经营哲学第十届年度报告会	企业的自我革新——从京瓷新产品开发谈起（视频形式）	深圳	1500 余名
2018.06.23 —— 24	盛和塾第十一届企业经营报告会	思考人生（视频形式）	长沙	3000 余名
2019.10.26 —— 27	盛和塾第十二届企业经营报告会	经营者具备的三种力量（视频形式）	厦门	2800 余名
2020.11.14 —— 15	盛和塾第十三届企业经营报告会	四种创造（视频形式）	郑州	3000 余名

（四）网络媒体

稻盛和夫经营哲学在中国的传播，随着网络自媒体的兴起，速度、广度和深度都是空前的。无论是传统报纸、刊物，还是网站、微博、微信、论坛等，稻盛和夫经营哲学都受到广泛的关注。

稻盛和夫官方网站分为：稻盛和夫的成长历程、稻盛和夫经营哲学、经营的原点、社会公益活动、出版物等 5 个部分，有中文、英语、日语、韩语 4 种语言。

盛和塾网站包括教学、游学、世界大会、报告会、线上学习、商城等 6 个部分，同时附有登录注册、问答专区、电子期刊等。问答专区分为常见问题和导师问答。电子期刊包含经营期刊和商业期刊。

稻盛和夫新浪微博是经稻盛和夫同意开设的，截至 2022 年 7 月，粉丝 1182.4 万，全部微博 2500 条。

新浪、腾讯、搜狐等网站，《中外管理》《哈佛商业评论》等商业杂志，以及中国几乎所有经营管理类杂志都刊登或转载过有关稻盛和夫经营哲学的讲演稿或文章。

"盛和塾"微信公众号。2017 年 3 月 1 日注册"利他商学盛和塾"，2017 年 7 月 20 日认证为"盛和塾"，微信号为"shengheshu2018"，账户主体"稻盛和夫（北京）管理顾问有限公司"，认证时间 2021 年 7 月 13 日。公众号简介显示，稻盛和夫经营研究中心，盛和塾是企业家学习、亲身实践"稻盛和夫经营哲学"的学习平台，帮助企业家提高心性、拓展经营，解决经营难题和困惑。2019 年，稻盛和夫解散全球盛和塾，仅保留中国盛和塾。该公众号服务项目有 3 个，盛和塾栏目有：咨询客服、申请加入分塾、申请成立分塾、分塾联系方式；稻盛和夫栏目有：媒体合作 & 转载购买书籍、经营问答、官方网站；线上课堂栏目有：2022 线下课程、免费课程、线上课堂、建议反馈通道。目前，该公众号每天推送 4 条信息，从类别看：有经营哲学、精选好物、好书推荐、对话观点、加入我们、塾生专访、人生哲学、线上课堂、稻盛故事、分享有礼等。

抖音"盛和塾－稻盛经营学"。2020 年 5 月 3 日，盛和塾官方抖音号上线，截至 2022 年 7 月 13 日，该抖音号上架作品 733 个，获赞 43.9 万，关注 24 个，粉丝 18.2 万。

图 2-15　稻盛和夫新浪微博

图 2-16　稻盛和夫官方网站

图 2-17　盛和塾微信公众号和抖音号"盛和塾－稻盛经营学"

（五）稻盛和夫经营哲学研究现状

稻盛和夫经营哲学的译介和研究、宣讲与应用在国际和国内有不少人士作出过努力。除了前文提及的译介者、研习并践行者不断探索和研究外，在学术研究中，还受到不同学科不同程度的重视，产生了重大影响。

在中国知网查询，截至 2021 年 12 月 31 日，以"稻盛和夫"为主题检索，文章数达 1165 篇（以"稻盛和夫"为篇名检索有 330 篇），其中学术期刊 861 篇，学位论文 33 篇，会议 8 篇，报纸 35 篇，图书 11 篇，学术辑刊 1 篇，特色期刊 216 篇。对这 1165 篇文章进行类别分析：从研究层次看，其中"开发研究—管理研究"27 篇，"应用研究—管理研究"13 篇，"应用研究"4 篇，"应用基础研究"3 篇，"开发研究"1 篇，"实践发展—管理研究"1 篇，"技术研究"1 篇；从机构看，10 篇以上的有：东北师范大学 55 篇，清华大学 21 篇，北京大学 16 篇，首都钢铁集团企业成长研究所 11 篇，京瓷株式会社 10 篇；从基金看，国家社会科学基金 1 篇，日本文部省资助项目 1 篇，教育部新世纪优秀人才支持计划 1 篇，中国博士后科学基金 1 篇，湖北省教育委员会科学研究计划项目 2 篇，国家自然科学基金 2 篇。

第三章

稻盛和夫经营哲学
在中国的影响

了解稻盛和夫经营哲学在中国发展的具体情况、具体内涵及能够在中国这块热土上生根发芽的原因，就必须要了解稻盛和夫经营哲学在中国影响的具体表现，通过调研一些学习稻盛和夫经营哲学成功的企业家，从中可以感受到稻盛和夫对中国企业家的影响。

一、适应时代发展的要求

　　第二次世界大战后，日本快速从废墟中奋起，创造经济奇迹，并于1968年成为世界第二经济大国，但国内狭隘的民族主义和唯利是图、自我膨胀、道德沦丧等一系列社会乱象，导致政界、商界丑闻不断。在这种情况下，稻盛和夫通过对企业经营、人生的目的和意义进行系统反思，从人类根本利益出发，提出"利他"经济学理念，身体力行、不断实践，创造了企业经营的一系列令人仰视的奇迹。实践一旦取得巨大成功，指导实践的理论必然成为追捧的焦点。这说明，稻盛和夫经营哲学是在日本经济社会的大背景下确立的，成为经济社会发展中特别是经营活动中的一股清流。

新中国成立以来，我国企业的发展与时代的发展相同步，其指导思想也在不断调整变化之中。在这个过程中，国有企业与民营企业不断得到发展壮大，同时也为国家经济社会的发展作出了重大贡献。在完成对资本主义工商业的改造后，国有企业成为我国企业的主体。这一时期，毛泽东的战略思想对国有企业的发展产生直接的指导作用，形成了一系列国有企业发展的经验，给予了我们重要启示。一是企业要注重调查研究，要在员工内部调查和外部调查的基础之上制定决策。二是企业家要善用辩证法，要看到危中有机，"不破不立，破字当头，立在其中"。三是做好企业定位，就是要搞清楚谁是企业的竞争对手，谁是企业的客户群。四是走群众路线，经营企业要树立为人民服务、为顾客服务、为社会贡献的理念，要做到客户满意、员工满意，始终以客户和员工为中心。五要确立企业愿景，就是要为企业设置一个高远的目标，善于为企业、为国家描绘出好的蓝图。六要注重运用资源，从战略与战术上思考问题。企业发展，特别是中小企业的发展同样要注重将有限的资源、资金、人员、技术进行集聚，以达到战略目标。这些思想对中国的企业产生了重要影响，并成为我国国有企业发展所遵循的原则。如果说这一时期在国有企业经营中落实最好的，则是后来形成的被企业经营奉为圭臬的"鞍钢宪法"。

1960年3月11日，中共鞍山市委向党中央作了《关于工业战线上的技术革新和技术革命运动开展情况的报告》，毛泽东在同年3月22日对该报告的批示中，高度评价了鞍钢的经验，提出了管理社会主义企业的原则，即开展技术革命，大搞群众运动，实行"两参一改三结合"，坚持政治挂帅，实行党委领导下的厂长负责制。这就是后来在全国范围推广的"鞍钢宪法"。"两参一改三结合"强调实行民主管理，实行干部参加劳动，工人参加管理，改革不合理的规章制度，工人群众、领导干部和技术员三结合。"鞍钢宪法"促进了国有企业的发展，在今天仍有借鉴意义。

改革开放以来，中国企业得到了长足的发展，特别是民营企业迎来了发展的机遇，逐步成长为我国国民经济发展的重要力量。但是民营企业、民营企业家如何实现自我发展，与时代的需求相同步，这需要在不断向外国学习先进管理经验与经营理念中形成自己的经营哲学。改革开放之初，民营经济一直是在非规范化的市场环境中成长发展的，数以百万计的民营企业在体制外壮大，在资源、市场、人才、政策、资金甚至地理区位都毫无优势的前提下实现了高速的成长，这种成长特征，决定了中国民营企业的草莽性和灰色性。[①] 乡镇企业是民营企业发展的前身，众多农民企业家在各方支持下以村、镇、乡的名义开办社队企业，这些社队企业像石头一样顽强，像野草一样生机勃勃。1984 年，国务院正式发出通知，将社队企业改称为"乡镇企业"。作为一个新的、独立的企业形态，乡镇企业正式浮出了水面，其崛起已成为不争的事实。截至 1986 年底，乡镇企业的总数已经发展到 515 万家，劳动力人口近 8000 万人，向国家缴纳税金 170 亿元，

---

① 参见吴晓波：《激荡三十年：中国企业 1978—2008》，中信出版社 2017 年版，前言，第 XIV 页。

实现总产值 3300 亿元，占全国总产值的 20%。

乡镇企业得以发展的关键在于民营企业家们把他们的企业视为一生的"事业"。1986 年，国有企业在市场上的竞争乏力，"联营"成为报纸新闻中频繁出现的字眼，国有企业与民营企业开始合作。可以说，乡镇企业所有的生产要素都是从国有企业那里"借"来的，乡镇企业的设备多是国有企业淘汰下来的，技术是国有企业工程师传授下来的，工人有不少在国有企业中接受过最基础的培训，市场则是国有企业不屑做或是放弃的。

早期乡镇企业发展比较突出的有温州模式和苏南模式。温州模式中的企业多是受政府支持、监督和引导的私人企业，在市场经济的大环境下不断发展，虽遭到无数质疑和磨难却始终曲折地壮大，并逐渐成为中国经济的重要方面。费孝通在 1984 年发表的《小城镇·再探索》一文中首提苏南模式。他认为，80 年代初，江苏农民没有把社队企业分掉，而是通过工业保存下了集体经济实体，又借助上海经济技术的辐射和扩散，以乡镇企业为名而继续发展的这种发展模式被称为苏南模式。90 年代中期之后，集体经济的弊端渐渐显露和严重起来，主要体现在政企不分、"产权空心化"、企业"政绩化"、业绩作假成风。

到 2002 年底，在苏南地区有 93% 的乡镇集体企业通过各种方式"改制"成了民营企业，一种更为市场化的、以产权人格化为特征的企业制度终于成为主流的企业成长模式。此时，国有资本从完全竞争领域中大面积退出，但在一些关系国计民生行业中仍然起主导作用，这些行业包括钢铁、能源、汽车、航空、电信、电力、银行、保险、媒体、大型机械、军工等。可以说，民营企业的发展经历了跌宕起伏、曲折坎坷，也在不断摸索中找到了自身的方向，对民营企业与民营企业家都是一种历练。为自身生存而不断求索的民营企业，在为我国国民经济作出贡献的同时，也在经济发展的历史大潮中经受洗礼。

党的十八大以来，中国特色社会主义进入了新时代，非公有制企业的发展得到了充足的空间与营养。习近平总书记于 2016 年 3 月 4 日在《毫不动摇坚持我国基本经济制度　推动各种所有制经济健康发展》中指出："中共十八届三中、四中、五中全会推出了一系列扩大非公有制企业市场准入、平等发展的改革举措。主要有：鼓励非公有制企业参与国有企业改革，鼓励发展非公有资本控股的混合所有制企业，各类市场主体可依法平等进入负面清单之外领域，允许更多国有经济和其他所有制经济发展成为混合所有制经济，国有资本投资项目允许非国有资本参股，允许具备条件的民间资本依法发起设立中小型银行等金融机构，允许社会资本通过特许经营等方式参与城市基础设施投资和运营，鼓励社会资本投向农村建设，允许企业和社会组织在农村兴办各类事业，等等。"①党的十九大报告指出，"我国经济已由高速增长阶段转向高质量发展阶段"②。这是根据国际国内环境变化，特别是我国发展条件和发展阶段变化做出的重大判断。习近平总书记指出："中国经济是一片大海，而不是一个小池塘。""狂风骤雨可以掀翻小池塘，但不能掀翻大海。"③中国经济，有大海的魄力，我

① 习近平：《论坚持全面深化改革》，中央文献出版社 2018 年版，第 249 页。

② 习近平：《决胜全面建成小康社会 夺取新时代中国特色社会主义伟大胜利——在中国共产党第十九次全国代表大会上的报告》，《人民日报》2017 年 10 月 28 日。

③ 习近平：《共建创新包容的开放型世界经济——在首届中国国际进口博览会开幕式上的主旨演讲》，《人民日报》2018 年 11 月 6 日。

们更有足够的理由满怀信心，努力奋进，拥抱中国经济更好的未来。2018 年 11 月 1 日，习近平总书记在民营企业座谈会上的讲话中作出了充分的肯定："截至 2017 年底，我国民营企业数量超过 2700 万家，个体工商户超过 6500 万户，注册资本超过 165 万亿元。概括起来说，民营经济具有'五六七八九'的特征，即贡献了 50% 以上的税收，60% 以上的国内生产总值，70% 以上的技术创新成果，80% 以上的城镇劳动就业，90% 以上的企业数量。在世界 500 强企业中，我国民营企业由 2010 年的 1 家增加到 2018 年的 28 家。我国民营经济已经成为推动我国发展不可或缺的力量，成为创业就业的主要领域、技术创新的重要主体、国家税收的重要来源，为我国社会主义市场经济发展、政府职能转变、农村富余劳动力转移、国际市场开拓等发挥了重要作用。"[1]2020 年7 月 21 日，习近平总书记在企业家座谈会上的讲话中指出："要加大政策支持力度，激发市场主体活力，使广大市场主体不仅能够正常生存，而且能够实现更大

---

[1]　习近平：《在民营企业座谈会上的讲话》，《人民日报》2018 年 11 月 2 日。

发展。"① "企业家要带领企业战胜当前的困难，走向更辉煌的未来，就要在爱国、创新、诚信、社会责任和国际视野等方面不断提升自己，努力成为新时代构建新发展格局、建设现代化经济体系、推动高质量发展的生力军。"② 这给中国企业家吃了定心丸，进一步为我国企业的发展指明了方向。

中国的民营企业发展依然面临一系列问题。我国中小企业平均寿命不到 3 年，大型企业平均寿命 7 年。而全球寿命超过 200 年的企业日本有 3146 家、德国 837 家、荷兰 222 家、法国 196 家，我国百年老店甚少。"三山三门三荒两高一低"是目前一些民营企业尤其是中小企业面临的主要问题。政策执行中"玻璃门""弹簧门""旋转门"；市场的冰山、融资的高山、转型的火山；③ 用工荒、用钱荒、用地荒；成本高、税费高、利润低等现象大量存在。也要看到，在 40 多年市场经济快速发展、物质迅速积累中，也产生了信仰匮乏、

---

① 习近平：《论把握新发展阶段、贯彻新发展理念、构建新发展格局》，中央文献出版社 2021 年版，第 357—358 页。

② 习近平：《论把握新发展阶段、贯彻新发展理念、构建新发展格局》，中央文献出版社 2021 年版，第 359 页。

③ 参见习近平：《论坚持全面深化改革》，中央文献出版社 2018 年版，第 250 页。

底线沦丧、功利至上、浮躁泛滥的现象，不少民营企业行事违背天理人伦，对员工缺乏挚诚关爱之心，劳动时间延长，甚至拖欠工资的现象时有发生，劳动纠纷屡见不鲜，凡此种种均应当引起我们深思与警惕。

第一，民营企业核心竞争力差，产品附加值低，多处于产业链低端。从民营企业经营的行业来看，多数为轻型传统行业，而高端产业、高新技术行业比重严重不足。这些技术含量低的民营产业，很容易受政府政策调整、人力及材料成本上涨等因素的影响而重新洗牌。加上技术含量低，必然产品附加值低，核心竞争力不强，品牌知名度不高，营销网络不健全，势必难以抗击市场风险的冲击。此外，当前从事新兴行业的民营企业不多，市场占有份额不高，很多处于同行业竞争产品链低端，对经济贡献值较低。再加上近些年国家倡导的节能减排政策，一些高耗能、低产出的民营企业在生存发展中更是困难重重。

第二，民营企业管理体制不健全，家族化经营突出，忽视长期优质发展。民营企业的家庭化经营使企业经营管理缺乏一套完善的决策、监督、财务制度，且使家庭式企业往往通过"子承父业"的方式完成交班。这种方式让企业丧失活力，影响人才的选拔和晋升，导致人才的流失。一些家族企业目前仍以独占利益型治理模式为主，组织结构存在天然弊端。同时，内部的一些人事调整和组织变化，严重时甚至会发生企业生产、经营的瘫痪。民营企业的先天不足和各项制度建设落后是影响其长远发展的重要因素，只有用制度来约束和管理员工，使员工认真规范地工作，才能使企业平稳有序地运行。一些制度不规范的民营企业经常出现员工迟到早退、任意请假、无故旷工现象，严重的还出现挪用企业资金、变卖企业资产的违规违法现象，为企业带来严重的损失。

第三，民营企业低小散问题突出，抗风险能力差。从民营企业的经营规模看，多数为中小企业。据2018年全国经济普查数据，国内中小企业数量近2600万家，约占全国企业总数的97%，而中小企业从业人员占国内所有企业从业人员的65.48%以上，逐渐成为国民经济发展不可忽视的重要力量。但是，无论从基础发展条件，还是核心技术产品方面，中小企业都无法与大中型企业抗衡。据最新统计显示：现阶段，中美经贸摩擦对民营企业带来的关税冲击，对部分外向型民营企业造成了不同程度的影响。而前期的国际金融危机，则直接造成近乎 10% 的小微企业停工、停产、半倒闭或倒闭。

第四，民营企业信贷负债压力大，融投资形势不容乐观。从民营企业融投资形势来看，商业贷款难的问题依旧突出。中小企业贷款多是以民间借贷为主。而民间借贷利息高、负债压力大，势必会影响原本资金链薄弱的民营企业的正常运转。除信贷方面的问题，企业经营管理不善，内源性融资难度加大，也是影响民营企业融投资的关键因素。

第五，民营企业优质人才储备低，高层次人才引进严重困难。受制于如下因素的影响，民营企业人才尤其高层次人才引进难、外流严重的局面持续存在。其一，企业人才管理意识淡薄，没有具有针对性的中长期人才培养计划。很多引进后的人才资源缺乏有效的开发和利用，导致英雄无用武之地，难以给高层次人才以施展才华的机会，造成人才外流较严重。其二，民营企业尤其中小企业先天经营规模不大，核心竞争力不强，一旦有经营内外环境的变化，将会造成中小企业较高的破产率。企业的破产，随之带来裁员、降薪等问题，这些问题的存在直接影响人才对民营企业的选择。其三，企业文化认同感低，多数为家庭式小企业发展而来，很多看重的是短期的生产盈利，没有注重企业文化建设，员工缺乏共同的价值观念，形不成凝聚力，对企业缺乏感情、认同感不强，这也是中小企业难以吸引高层次人才的一个重要原因。其四，人力资源管理因素。在民营企业中，用人单位受传统思想的影响较深，采取亲疏远近的方法聘用人才。"任人唯亲"而非"任人唯贤"的现象比较普遍，限制了优秀人才能力的发挥，导致企业的人才素质不高，严重影响了民营企业的长久发展。同时，民营企业的人力资源培训机制不完善，企业投入培训的经费比较少，导致员工的能力提升缓慢，影响企业的创新发展。

第六，民营企业决策不科学。在民营企业经营管理中，通常是资历较深的管理者拥有决策权，先进科学的管理方式和管理理念都要让步于"资历"或"辈分"，管理者依赖于自己的经验，不虚心倾听员工的声音来适时改变管理对策，导致企业的发展决策缺少科学性与民主性。在民营企业初期发展阶段，采取一刀切式管理方法或许能够提升管理效率，但是若企业规模变大，仍然采取老旧的决策方式极易造成管理效率的降低。企业的决策应有一定的程序性与科学性，单纯依赖于"头头"们的经验决策，难免有失公允。

二、迎合企业经营的需要

经营企业不但是为了追求利润，更多的是要实现对社会的价值。企业家经营企业的时代正在发生且已经发生着巨大的变化，他们在追求利润的同时，更加注重自身价值的实现，更多考虑能否给员工带来物质和精神上的幸福，为国家和社会作出更大的贡献，而要做到这一点，必须提升企业家的认知水平和经营能力。

（一）企业经营理念转变的内在要求

现代企业经营活动使企业家在现实社会中遇到了一些难以处理的问题，如经营中的劳资关系、竞争对手、个人和社会、自身身心健康，特别是在企业经营活动达到一定的峰值时，企业经营就会不自觉地走下坡路。这迫切需要中国企业家在企业经营过程中形成一整套符合我国企业自身经营的价值理念，尤其是使企业家在经营活动中形成一种将人生、价值、经营联系起来的哲学，形成其职业发展的思想观念体系。稻盛和夫经营哲学几乎对我国现时代企业家遇到的问题作出了一个比较丰富、完满的解释，形成了很多可以操作的思路和办法，这种哲学具有很强的实践性。

要全面了解中国社会，必须深入了解企业家和农民两大群体。企业家是一个精英群体，是在我国社会中处于比较重要地位的社会阶层，与政府、社会及其他群体有着千丝万缕的联系。企业家需要有更多的创新意识和创新能力，一种满足新时代企业家需要的经营理念就呼之欲出了。中国企业管理需要在更高的平台上予以支撑。

山东盛和塾塾生王春华认为，学习稻盛和夫经营哲学最大的收获就是要做正确的事。他认为，中国的企业经历了大发展时期，现在到了发展的瓶颈期。原有的管理、文化理念跟不上时代的要求，企业经营活动中出现了问题，遇到了困境。企业家们开始四处寻医问药，很多企业家对一些成功学课程趋之若鹜，投入大量时间、精力、金钱学习，但收效甚微，而且这种经历既痛苦又纠结。

王春华经营的是中医药产业的企业，平时热爱学习传统文化。2015 年，王春华加入盛和塾，进行了初步的学习，而那时学习稻盛和夫经营哲学的资料还很少，但通过两年多对稻盛和夫经营哲学的学习使王春华的经营思路产生了极大转化。2017 年，王春华的企业遇到了困难，这时他将稻盛和夫经营哲学中的方法运用到企业经营中，不但建立了自己的中医药生产基地，也有了自己的中药材种植基地，并在此基础上搞出了企业产业园，这个产业园不但是市里的重点项目，还受到省里、国家中医药管理局、中国医学科学院的关注与重视。王春华认为，经营企业首先要有明确的使命。作为企业家，只有把"作为人，何谓正确"这个朴素的理念践行好了才会得到有效的结果。

王春华认为，企业家要想发展好企业，搞好企业经营活动，必须向优秀的企业家学习，关键是要解决向谁学习的问题。稻盛和夫经营哲学是关于人生哲学、经营哲学、经营实学的系统体系。学习稻盛和夫经营哲学能抓住经营的本质，为中国企业家提高综合素质送来了"及时雨"。一是稻盛和夫经营哲学中蕴含着中国传统文化，与中国的儒释道文化息息相关，这使稻盛和夫经营哲学非常适应中国的土壤，快速发展也在情理之中。二是稻盛和夫经营哲学与中国企业家产生了共振，并没有产生水土不服或者与中国产生排斥的情况，使中国企业家骨子里的东西被调动了起来。

学习稻盛和夫经营哲学的效果是明显的。王春华的企业通过学习稻盛和夫经营哲学，企业员工建立了正确的人生观和价值观，企业也找到了正确的经营理念。之前对于企业经营目的这个问题并不是太清晰，是为企业、为社会、为员工，还是为自己？在学习稻盛和夫经营哲学中找到了答案，企业经营的目的和意义不是为自己，而是为员工、为社会，这样才能真正明确自己的价值。如果经营企业是为了自己，就会走向死胡同、走向破产。习近平总书记提出，人民对美好生活的向往就是我们的奋斗目标，要坚定不移走全体人民共同富裕道路。企业命运是与国家命运息息相关、同频共振的。企业把员工放在第一位，把服务社会作为自己长久发展的目标，这是民营企业落实习近平总书记重要讲话精神的具体实践。

无锡盛和塾塾生蒋越庆认为，稻盛和夫经营哲学管用的关键在于真信真用。蒋越庆在大学日语专科毕业后，分配到无锡市外办的国际旅行社工作。他在读了日文原版的《活法》后感到很震撼，2007 年加入曹岫云发起成立的无锡盛和塾并任秘书长，开始系统学习稻盛和夫经营哲学。因为无锡盛和塾成立之初，参考学习的书少，讨论学习也很少，学习过程比较艰苦，重点在于自己感悟与践行。他所在的公司无锡国旅是无锡第一家国际旅行社，他接手时是亏损的。2001 年改制时，员工不到 100 人。自从进入无锡盛和塾后，他积极带领公司干部学习和践行稻盛和夫经营哲学。公司业绩逐年攀升，并于 2014 年被万达集团成功并购。

蒋越庆认为，国内的一些企业家对稻盛和夫经营哲学的学习，关键在于要静下心来学与用。稻盛和夫经营哲学中"作为人，何谓正确"的是非判断标准，"把员工幸福放在首位"的经营理念都非常重要。学习稻盛和夫经营哲学对蒋越庆个人及公司来说，有很大帮助和转变。蒋越庆认为，中国企业家在"利他"这方面的应用大多走了一些弯路，现在反过头来看也是正常的，利他者自利。中国企业家的成长环境各有不同，要想经营企业获得成功，就要提升格局，各种能量场也要跟着提升起来。只有提升格局，才会有更大智慧，才能为企业经营管理提供更大帮助。无锡国旅处境最艰难的时候，员工都被妥善对待，员工的诸多问题都得到了有效解决。这也说明稻盛和夫经营哲学不仅仅是学习，关键是要用，在实践中运用才能获得更大收益。

（二）企业发展阶段的要求

新发展阶段，对企业家提出了新要求，中国的民营企业家需要有更多的与这个时代相匹配的一些本领、生活生产方式及精神状态，这迫切需要企业经营哲学。稻盛和夫经营哲学具有满足这种要求的体系、思想和方法，这使得稻盛和夫经营哲学的传播和影响就变成了非常重要的事情。

北京盛和塾塾生董军认为，稻盛和夫经营哲学所倡导的"人心＋方法"，特别契合现阶段这些企业。稻盛和夫经营哲学的发展其实是在第二次世界大战以后，在日本迫切需要发展经济的情况下，稻盛和夫把握时代的要求，不断成长壮大。他认为，一定要把稻盛和夫当成一个普通的人来看，而不是把他当成哲学家、大师或是神来看。在稻盛和夫经营哲学中，首先讲的是"作为人，何谓正确"，要讲奉献和利他，创办企业过程中我们只讲感情与江湖义气，就是经常说的，"我办企业办公司，刚起步啥也没有，咱们一起干，我挣了钱不会忘记你"。所以说，稻盛和夫经营哲学是符合中小企业家需要的一种理论。

企业家需要理论是必然的，西方管理理论是结果导向，只讲过程控制。西方是从城邦到国家，由农业社会到工业社会，再步入工业化的，从企业的角度看，它的个体经济是一点点做大的。中国的传统讲究的是个人感情，你要从中感悟后再去创造方法落地。新中国成立后主要关注的是国有企业，党的十一届三中全会后，中小民营企业虽遍地开花，但缺少自己的发展理论，到了一定的发展瓶颈就需要学习别人的理论，这个时候发现，日本的稻盛和夫经营哲学管用，主要是给我们带来了两个方面的启发：一个是精神上的力量，这是对员工来说的；一个是方法论上的，这是对中小企业家来说的。对于中小企业家来说，需要充分调动员工的积极性创造性，要让员工知道企业的经营状况，让员工与企业家互相信任，让员工感受到自己是企业的一分子，这种力量是无形的，是来自精神层面的。而如何调动员工的精神力量，这就需要从方法论上来指导，也就是企业家采用何种方式调动员工的精神力量。这种方法需要企业家做到的就是要经营人心，也就是要采用制度、物质、精神等方面的措施带动员工积极学习。企业家在迷惘和无力的时候，稻盛和夫经营哲学真的会给他力量，这是一个比较直观的感受。

（三）遇到经济萧条、危机、衰退时的应对良法

任何一家企业的经营，都会遇到经济萧条、危机、衰退的情况，如何应对并成功渡过危机，乃至实现企业的增长是中国企业家要完成的功课。这里涉及一个企业家如何"过冬"的问题，而许多塾生也都谈到，稻盛和夫经营哲学越是在企业困难的时候越管用。

20世纪80年代，日本面临失去的十年，面对不利的经营环境，企业如何能够完成经营活动，能够活下来，能够活得比较长久，成为必须面对的问题。而稻盛和夫经营哲学提倡用大量的资金作为备用，以较多的资金储备来应对萧条、危机、衰退，这对应对新冠

肺炎疫情中面临的企业经营困难是很有效的。应该说，稻盛和夫经营哲学在一定意义上，就是一种解决危机的哲学。

辽宁盛和塾塾生林云龙直言稻盛和夫经营哲学是渡过危机、走向成功的哲学。林云龙直言，他从1993年大学毕业，一直到2020年就没有真正静下心来读一本书。但入塾后却读了20多本关于稻盛和夫的书，每天还坚持抄写一章《道德经》。他的企业有200多名员工，遇到有问题的员工他不知道怎么处理，有时很迷惘。通过学习稻盛和夫经营哲学，他懂得如何管理了，员工整体精神面貌有了提升，企业也得到了当地的认同。现在，他的企业是辽阳市20强，企业非公党建位于市里20强。林云龙还当选了市人大代表，担任市工商联副主席，这在当地产生了一定的影响。

之所以有这样的变化，林云龙认为，一是稻盛和夫经营哲学对员工的影响。企业让员工学习稻盛和夫经营哲学，全员背诵"六项精进""经营十二条"，同时还成立了斯麦尔商学院以方便学习。二是稻盛和夫经营哲学影响了当地的企业，一些企业家想入塾，希望跟着一起学习。企业现在更加把员工的幸福放在首位，把员工的物质与精神富裕放在前面，通过提高员工的收入、改善伙食、提升社会参与度来增强员工的幸福感。企业的领导每周都要打扫卫生间，躬身入局，与员工打成一片。实践证明，大多数经营有困难的企业家进入盛和塾之后，企业都逐渐渡过危机，经营得越来越好。这说明稻盛和夫经营哲学是挽救企业危机的哲学。

（四）企业长远发展的内在要求

对于企业来讲，稻盛和夫经营哲学可以让我们活得更长久。这是因为稻盛和夫经营哲学符合商道。现在中国的企业家很多都面临着二代传承的问题，如何让企业的生命力更强，企业规模做得更大，需要培养好第二代企业家，也需要处理好利己与利他的关系。

厦门盛和塾塾生李群秀认为，从稻盛和夫那里获得的是无限发展的力量，通过学习稻盛和夫经营哲学认识到：即使是小微店，有了利他意识，也一样发光发热。李群秀说，到盛和塾学习后，认识到了经营中的许多奥秘，给自己的心灵打开了窗口。李群秀是从事美容业的，以前只顾自己的幸福，想多挣钱让自己过更好的物质生活。后来慢慢明白，开门做生意，仅考虑自己是不行的，幸福是一群人的事，做生意应与志同道合的人一起，要在利他中找到自己的价值才是最重要的。李群秀从事的美容业与不同的行业、不同的人，与国家都是相关的，虽然目前是小微企业，但通过不断努力成长，希望能被社会、被他人更多地"看见"。

到盛和塾学习后，李群秀认为，自己在美容业实现了物质上的富足，想要为这个行业贡献自己的力量，能够同自己的员工一起发展，要带着感恩的心去做行业教育，为了人民的美好生活去做事，让每个人的人生变得更美好。李群秀在 2019 年就带着自己的团队一起学习稻盛和夫经营哲学，2020 年免费为他人提供一些服务，虽然发展仍有不足，但他内心的希望没有熄灭，对未来仍充满了期待。

三、为企业家提供了"治病良方"

整体上看，中国民营企业的平均寿命仅有 3 年，能成为百年老店的几乎微乎其微。近代民族企业家张謇说，做企业就是于千万死中求一生。稻盛和夫成就了两家世界 500 强企业，曾在 14 个月的时间内让日航起死回生，成为中国企业家关注与青睐的对象。稻盛和夫经营哲学中到底有什么样的奥秘呢？

（一）道器相通

做企业不是件易事，不但要确立明确的企业目标，还要使企业目标符合社会运行的需要。中国企业家的理念多与中国传统文化相关，践行着中国传统文化中的内圣和外王、认识与方法、知与行等理念，中国企业家喜欢参加各类传统文化班，学习吸收传统文化中的精髓。做好一个企业，成为一名优秀的企业家，不但要内圣，还要外王。稻盛和夫经营哲学是日本现代化的产物，他所倡导的"经营十二条""会计七原则"都归入其哲学中的实学部分。从这个意义上讲，稻盛和夫经营哲学实现了道器相通，目的与手段的统一，不但教会企业家做什么，还教会企业家怎么做。

厦门盛和塾塾生陈坛祥认为，学习稻盛和夫经营哲学使其懂得善恶，能够分辨利益大小。陈坛祥认为，所谓善恶，每个人都有标准。敬天爱人，是一条线，可以永远接近，越无限接近，沟通成本越低。道，让人有敬畏心理。有感恩，就有利他，就有积善。哪些对哪些不对，哪些该做哪些不该做，关键要看能不能解决员工的实际问题，解决员工家庭的困难，提高企业利润，增加员工收入，提高员工的幸福指数。

山东盛和塾塾生樊友林认为，稻盛和夫经营哲学把科学和哲学结合、有形和无形结合。樊友林的公司是一家软件开发公司，年轻人比较多。"95后"有100多人，文化水平普遍比较高，其中本科生占50%，硕士及以上学历占40%。对这些人，公司一直在寻找合适的管理方式，后来从稻盛和夫经营哲学中找到了。2017年，樊友林加入盛和塾。他认为，稻盛和夫经营哲学内涵丰富，不仅有哲学，而且还是一门科学的管理体系。稻盛和夫经营哲学是以哲学为基础的，并结合阿米巴和人事评价体系，形成了一套完善的管理体系，可以与西方任何管理体系相媲美。

稻盛和夫经营哲学十分注重有形和无形的结合，注重通过组织系统，给予阿米巴长充分的授权，并不断改善管理体系，最后对组织产生无形的影响。组织在变化，阿米巴长个人的内心理念也在变化。通过这些无形的东西，影响有形的东西。有形的就是人、财、物，但只占40%，要看经营背后的60%。稻盛和夫经营哲学告诉人们，不仅仅是要依靠自己的力量，还要依靠大家的力量，把价值观提高到一定的程度，一切都为了把公司经营好。在这个过程中，阿米巴核算注重的不是把结果作为唯一指标，而是注重改善的过程、努力的过程。通过激活组织的活力，不断改善、不断精进，这是阿米巴核算关注的重点。

在西方理论中，职工与经营者是对立的劳资关系，现在学了稻盛和夫经营哲学，把人工成本不作为费用来计算，这样让员工追求福利最大化，与企业追求利润最大化目标是一致的。通过这种方式，很好地把员工的追求和企业的追求统一起来。在稻盛和夫经营哲学中，强调领导人原则，要求领导人率先垂范，在企业中发挥最大的作用，这套理论和中国传统文化强调的修身齐家治国平天下的理论基本上是一致的。稻盛和夫经营哲学与传统儒家等学说关于做人做事的道理，也是相通的。只要能做到的，就把这些道理作为公司整体的价值观和理念，潜移默化地传播给员工，坚持做正确的事，做正确的人。

实现员工物质和精神两方面的幸福，就是让员工在公司有家的氛围。公司应从衣食住行方面给员工提供更多的帮助。据了解，我国部分民营企业的福利比较好，甚至比一些国有企业还好。如欧倍尔成立了爱心基金，对有重大疾病的员工提供及时的帮助。学习稻盛和夫经营哲学，对樊友林个人的影响很大。之前做企业是为了个人的成就感，赚更多的钱。学了稻盛和夫经营哲学后，强调为他人、为员工提供展现自我的平台，为他人的幸福生活、幸福家庭负起责任。他逐步关注自己的员工，同时注重员工的成长。以前他按照常规的方式培训，比如提高专业技能来提高工作效率。学习稻盛和夫经营哲学后，对经营企业的信心大大增强，处理事情的方式也在改变。樊友林通过不断学习和践行稻盛和夫经营哲学和管理理念，对公司、家庭和个人都有很大的影响，对父母、配偶、子女、朋友也有很大的改变。稻盛和夫经营哲学的应用使企业得到良性的发展。

（二）提升企业家的心力

学习稻盛和夫经营哲学后，许多企业家开始重视心力问题。企业经营活动非常复杂，一个企业不仅仅是有些经济学假设中的经济人，更是有感情、有非理性、有欲望的人，是一个有多重身份的社会人。这样，无论是企业家还是员工都需要心理支持，而稻盛和夫经营哲学实现了从理性到感性、从思维到行动的贯通。

福建盛和塾塾生苏成龙认为，稻盛和夫经营哲学以使命为基石，凝聚团队像家人一样努力。苏成龙说，他在没有学习稻盛和夫经营哲学之前，经营过多家公司，以前的成功全凭运气。2018年开始学习稻盛和夫经营哲学，2019年加入盛和塾之后，才明白为什么要经营企业，经营企业的价值是什么，他之前是把企业的使命挂在墙上，而没有落在心上。企业的品牌是基石，企业竞争激烈，没有品牌就没有生命力。苏成龙认为，中小企业打造品牌的基石是初心。稻盛和夫所提倡的敬天爱人、利他、追求员工物质和精神双幸福就是做企业的基石，产品就是人品，是企业的品牌。

学了稻盛和夫经营哲学之后，苏成龙自身发生了很大变化，家庭更加和谐，圈子更加干净，员工更加积极主动，企业经营得更加顺畅。比如，在员工要入职企业时，企业会把他当成家人，告诉他企业的目标是什么。企业需要的是志同道合的员工，之所以这样，是因为现在的"80后""90后""00后",他们所关注的点是不同的,他们希望自己的价值得到实现,但是在工作中有时无法静下心来。而稻盛和夫的哲学有滋养心灵的作用,能够让人的内心得到宁静。

稻盛和夫经营哲学能够满足企业家的精神需求。企业家这个群体多数是实现了物质富裕的群体,甚至达到了更高水平的富裕。他们解决的不但有发展的问题,也有发展之后的精神层面的需求的问题。企业家的文化生活、精神生活甚至心理支持,信仰、信念支持,这些涉及世界观、人生观、价值观的根本问题,如果得不到方向性的引导,就会走偏甚至误入歧途,产生较大的社会问题。而稻盛和夫经营哲学在解决这一问题上,给企业家指出了正确的方向,使企业家的发展有了更明确的目标和价值诉求。

辽宁盛和塾塾生曹洪友认为,学习稻盛和夫经营哲学,可以使自己形成心变、人变、企业发展的良性循环。曹洪友上大学时是学油画的,之后做建筑装修,又转行开餐饮火锅店,不到5年的时间开了7家门店。2018年加入盛和塾,他逐渐明白经营企业也需要哲学。曹洪友说,作为一个塾生,他觉得稻盛和夫的一些理念与中国传统文化相符合，只不过是用了简单易懂的话让企业家与员工更容易读懂。在没有学习稻盛和夫经营哲学之前，经营中存在企业亏损、员工流失等问题，而学习稻盛和夫经营哲学之后，特别是践行以人为本、以心为本的理念后，他注重引导员工做一个好人，保持积极向上、诚实守信的心态。经过努力，员工的状态与企业的面貌都发生了变化。

可以说，践行稻盛和夫经营哲学使企业家的经营理念发生了变化，使企业家真心对员工好，努力提高员工的待遇。以前认为找员工就是招聘开工资，而现在认为员工是企业的根本，员工好企业才会好。在新冠肺炎疫情冲击下，经营越来越好的企业主要表现在：销售额下降了但利润却增长了。他个人的感受是，学得越深越有成就感便越有自豪感。这是因为更深切地感受到稻盛和夫经营哲学中的很多内容同中国的《论语》《道德经》《易经》等中的思想内容是相通的，稻盛和夫经营企业所奉行的理念与中国所提倡的是一致的，都是为了让员工（人民）与社会越来越好。

曹洪友还认为，员工学习稻盛和夫经营哲学要注重与自身实际相结合。稻盛和夫经营哲学的逻辑以平民化方式推进，员工喜欢稻盛和夫的书，喜欢稻盛和夫提倡的道理与价值观，是一种较好的自我教育。企业家学习稻盛和夫经营哲学后所采取的经营方式，员工也能接受。他个人学习稻盛和夫经营哲学的变化主要是思维方式的变化，他把做幸福企业当成个人的经营目标，他以前经营企业的目标就是挣钱，开好车、买大房子。现在不开车，走路上班，锻炼身体。想的、讲的、做的都保持一致，诚于中、行于外，积极向善、求真务实。

无锡盛和塾塾生蔡俊毅认为，稻盛和夫经营哲学的世界观和方法论相互支持，心法、心、心性和爱心是关键。蔡俊毅1993年从同济大学本科毕业，1998年和别人成立了公司，并担任公司的党支部书记，2002年开始接触德鲁克等西方的各种管理经验。2013年，他听了一个关于阿米巴经营的讲座后，就加入了盛和塾。蔡俊毅以前非常相信心学，但读了稻盛和夫的自传后，知道了稻盛和夫的心法是在当时的环境与实践中"逼"出来的，有的经营理念在企业经营中行得通。比如，大家都知道提高经营水平要靠拓展客户，但光与客户搞好关系，如果产品不行，同样不行。所以要回归理性，做好产品才是根本，产品质量提高了，企业自然就会有发展。再比如，费用最小化，供应商肯定想费用最小化，但最小化不是最大限度地降低成本，而是双方得利。只有费用最小化的方案合理化，才能推行合理。再比如，稻盛和夫把员工当作家人，使员工老板化，其实就是赋予了员工主人翁精神，同时经营者要让员工追随，就必须率先垂范。

蔡俊毅说，他当时很困惑，西方管理学讲了很多，但稻盛和夫只讲三条，却比西方管理学有用。2019 年，蔡俊毅的想法发生了改变。稻盛和夫经营哲学必须在实践中去感悟，只有在实践当中学习经营哲学并以身作则，才能影响身边人。

蔡俊毅现在每天坚持写反省，还要求企业中的员工必须读书。他还为自己确立了两个目标，即建筑建造的信息提供者、解决工厂建设中的工业化生产问题。他试图用稻盛和夫经营哲学来解决。现在中国的发展还有很大一段距离要走。他的余生应该创造一定的价值，解决行业的一些问题。在某个领域肯定也要做点事情，做好了事情肯定是能赚钱的。

山东盛和塾塾生刘建第认为，学习稻盛和夫经营哲学，使他的行为、内心、心理都发生了变化。刘建第从事物流行业 21 年，2016 年加入盛和塾。他说，之前并不知道什么是使命。利他，为他人做事，他还没有达到这个层次。通过这几年在盛和塾的不断学习，自己有了责任心和使命感，也认识到了经营企业不仅是为了赚钱，还应当为大家的生存和幸福而努力，只要企业发展好，员工、企业就会被社会认可。自己的内心发生了变化，与员工的关系也发生了变化。现在他每天坚持读书打卡，思路打开了，格局提升了。员工之间的关系更和谐了，员工的家庭关系更和睦了，员工之间的交流更多了。现在特别自觉往更高处走，自己事业宽了，责任心也更强了，多考虑员工的幸福，大家的幸福，为社会作贡献，企业变得更有价值了。

刘建第说，以前他的企业账目是一锅粥，虽挣了钱，但最后没见着钱。2016 年通过学习稻盛和夫经营哲学，引用阿米巴经营与"会计七原则"，让企业原来的账目变细了，每台车的管理成本、运行成本，资金的占有率，每个单独的事业部，是什么样的运行品质，一锅粥的账目变得"小葱拌豆腐"——一青（清）二白，挣了多少，亏了多少，一目了然。

（三）提升企业家的经营观念

哲学是关于智慧的学问，解决的是形而上的问题。稻盛和夫不但给出了企业经营的方法、手段及具体操作方式，也从方法论、认识论及具体层面给予了方向性的指导。企业是从事经济活动的营利性组织，通过各种生产经营活动创造物质和精神财富，提供满足社会公众物质和精神需要的产品服务，在市场经济中占有非常重要的地位。企业家是在社会中既能创造好企业又能经营好企业，推动社会向前发展的优秀群体。企业经营活动是谋利的活动，这种"利"有利他、利己、利大我、利小我之分。企业家的改变往往从小的利己开始。然后逐渐认识到利他更为广泛的社会存在。在大我和小我之间进行选择。每当企业家做出正确选择的时候，经营观就变得与原来不同了。一定意义上说，企业家经营观的改变，就是利益观的改变，就是对自我认识的改变。当然，利益观的改变不仅仅是一个观念的问题，还有制度的问题。稻盛和夫经营哲学中的"阿米巴经营""会计七原则"都是稻盛和夫经营哲学的重要内容。可以说，利益的追求需要方法，需要有实现利益追求的正确方法。

辽宁盛和塾塾生王江惠认为，学习稻盛和夫经营哲学使他更加积极正面，有了发展的动力。自己的感触可以说体现在以下四个方面。一是西方管理学更强调个人，稻盛和夫经营哲学更强调集体。做好一个企业集体非常重要，对企业家来说，需要知行合一，稻盛和夫在这个方面有自身的优势。二是学习需要一个过程，不可能一下子就全部领会和掌握。这是稻盛和夫一生的精华，要好好践行。三是视角变了。以前看最差的，现在看最好的，以前关注谁多少天无开工报单，现在说谁报单最多，这些转变是看得见的，看正面比看负面好，员工的心情也会变好。以前感觉员工素质非常差，现在看到员工好的一面。有客户表扬员工的，也会记录下来发到群里，让大家看到。员工精神面貌得到提升，也收到了正面反馈。四是稻盛和夫经营哲学是符合我国现在最基本的情况的。利他，全心全意为别人思考和服务的理念有待加强，在处理基本关系上，利他是工业社会的基本价值观，掌握了这个基本的价值观，也就掌握住了生存之本。

山东盛和塾塾生张传法认为，学习稻盛和夫经营哲学可以帮助中国企业家树立新的经营观，使其经营行为同社会主义现代化强国目标更符合。张传法在2009年就开始学习稻盛和夫经营哲学，一开始只是宽泛地了解，2014年到日本游学后便静心研究。他认为，稻盛和夫经营哲学有心法、活法、干法，都反映了哲学思维，而其中的"作为人，何谓正确"是最重要的，也就是说只要分出什么是善恶，就一定要把正确的善的事情坚持下去，勿以善小而不为，勿以恶小而为之。学习稻盛和夫经营哲学给他带来了几点感受。一是经营人心，企业家一定要付出不亚于任何人的努力，要以身作则，即使是喝茶的时间也要用来工作。二是谦虚，企业经营较好时，很多人会骄傲起来，一骄傲，企业就会出问题，因而要时刻保持谦虚。三是善心，每天都思考哪些不对，哪些做得不够好，要用善心善念来对待事物。四是感谢，要时刻怀有对国家、对党、对员工的感激之心，要多为他人考虑，做好事。五是保持好心态，不被感情所困扰。经营企业必须保持好心态，才能始终坚持正确的方向走下去，不为诱惑所动。因而，中国民营企业家在新时代，可以通过学习稻盛和夫经营哲学来提升自己的境界，让员工满意、让客户满意、让政府满意、让社会满意，使企业更好地发展。

稻盛和夫经营哲学解决了企业家的价值观问题。现代化进程中，有些企业在一些问题上有迷惘，如何克服迷惘，重建价值观需要认真反思。有些企业家难以确立正确的企业价值观，难以发挥出应有的企业家精神甚至走向了迷信的误区，这些都可以通过学习不断地改进，稻盛和夫经营哲学包括其人生哲学、经营哲学、经营实学，是系统的哲学体系。其核心是要企业家确立大义名分，真正理解"作为人，何谓正确"的真谛。企业家在经营活动中如何能够保持知行合一，实现良性经营活动，这些都是他们非常关心的问题。稻盛和夫经营哲学不但对企业家的经营活动产生了影响，而且使企业家的经营理念发生变化。

无锡盛和塾塾生谢家学认为，学习稻盛和夫经营哲学使他的经营理念发生了变化，逐步实现企业员工老板化。谢家学是第一代农民工，1992 年出来打工时就干上了升降设备企业，主要是做吊篮，赚了几千万元后，人就浮起来了。2013 年行业从高峰到低谷，2014 年更为困难，为了渡过难关，他系统学习了稻盛和夫经营哲学，在企业内让员工学习"六项精进"，以企业名义给员工的父母写信，使员工的家庭关系变和谐了。在企业有了这些改变之后，他开始推行阿米巴经营模式，把企业分成若干小组织，让小组织去创新。企业在小组织内落实共同富裕的理念，让员工明白，进入了组织就不会被丢下，在组织中没有工资的概念，员工是共同来创造价值的，共同创造每个小时的价值，力争把事情做好。谢家学还说，稻盛和夫把经营做大做强的秘诀，体现在"销售最大化、费用最小化、职员老板化"，尤其是职员老板化上，很多员工50多岁了，是不可能再做老板了，但是这种理念可以传给员工的孩子，能管三个人就是老板，做了老板之后让下面的人也做老板，先有店长再有店，先有项目经理再有项目。

企业家的社会活动和行为是复杂的，要在一系列复杂的社会活动当中，形成一个融贯一致、相互之间不矛盾，同时比较有效应对社会的观念体系相当之难。特别是企业家要在经营活动中选择、形成正确的世界观、人生观、价值观，更加困难。稻盛和夫经营哲学在一定程度上能够帮助企业家寻求善良、提升人生境界、提高心性，改善经营，掌握协调社会关系的办法，将自己的具体的人生活动和自己的人生观、价值观与未来的社会发展达成一致。

山东青岛盛和塾塾生牛虎兵是 1961 年出生的，20世纪 90 年代他在部队已是正营级军官，改革开放后，他转业到地方开始创业，从不到 20 平方米的川菜馆做起，努力打造"老转村"这个品牌，他是第一个把川菜引入山东的经营者，后来又尝试把美学融入餐饮，做中国体验式文化传播。企业的知名度和美誉度都很高，当地人对"老转村"的印象都很深。

牛虎兵认为人有两"妄"。一个是欲望之"妄"。既包括物质的欲望，什么更能挣钱，就往哪里投资，但对自己的发展目标缺乏约束；也有精神的欲望，老想实现梦想，但结果却背离了初衷。另一个是狂妄之"妄"。认为没有自己做不成的事，生意一好就有些狂妄。牛虎兵 2010 年开始购买稻盛和夫的书，2011 年加入盛和塾。他在去德国科隆时顿悟，开始思考人的信仰是什么，在市场经济条件下特别是现代化进程中，中国人的信仰到底是什么，他也曾带着这个问题到某大学总裁班学习，但是没有找到答案。2010 年他在学习《活法》中感悟到，拥有信仰，会让自己的内心变得崇高、幸福、美好，可以创造更多的财富，可以让企业变得更大更强更好。他认为，自己以前的人生感悟与稻盛和夫比起来，显得很浅薄，当真正理解了稻盛和夫说的每句话背后的含义，才知道他的经营哲学是完整的体系。由此，牛虎兵也开始对自己的企业做调整，开始做减法，做自己想做的事。现在开始着手做行业内的半成品，送货到家，并与某平台公司合作，由此生意进入了快车道。牛虎兵谈到，这个转型的过程是非常痛苦的，如果不学习稻盛和夫经营哲学，也可能支撑不到今天。

牛虎兵认为，稻盛和夫经营哲学有三个特点。一是以心为本。"作为人，何谓正确"，始终把是非善恶作为判断事物基准。稻盛和夫的每一个决策也始终把这句话作为判断标准。为什么稻盛和夫经营的企业没有亏损？重要的一点就是没有狂妄之心。企业一旦有了大的盈利，企业家在待人接物方面很快就发生了变化。稻盛和夫每天对着镜子反省，比如，是否说了不合适的话，是否口误伤了人，这是克己之心。而稻盛和夫始终把"作为人，何谓正确"作为标准。以心为本还体现在对员工的责任感，追求全体员工物质和精神的幸福。如何将员工的心与企业老板的心连为共同之心，"利他"是原点。

二是以经营为本。经营驱动能解决企业管理、营销等方方面面的问题。做到以市场为本和以数字为本，看数字主要看"收入如何最大化、费用如何最小化、时间如何最短化"。在 50 年前，提出稻盛和夫经营哲学是很难的，算法驱动就是稻盛和夫那个时候提出的，其经营管理思想是非常先进的。稻盛和夫最初创业，他研发的产品直接进入美国半导体市场的核心地带。在市场变化最剧烈时期，保持了 KDDI、京瓷的利润不断增长，并拯救日航，都是以经营为本的结果。

三是以人为本。提升员工物质和精神两方面的幸福。物质幸福指的是员工的收入宽裕了、稳定增长了。更重要的是对精神幸福的解读，全体员工如何享受到工作和劳动的快乐和成就，就是精神幸福的源泉。从企业经营管理体系看，如何实现自主化，让人人成为经营者，在这个点上实现精神幸福和物质幸福。稻盛和夫本人不是从理论出发，而是从心而发，在事情上进行点点滴滴磨炼。

（四）促进企业家身心健康

经营企业必须有健康的身心，这样才能使企业朝着良性的方向发展。稻盛和夫经营哲学在一定程度上对人的理性、激情和欲望进行调节，使企业员工在参与企业经营活动中感受到了幸福，使其精神上得到了满足。稻盛和夫经营哲学是其人生哲学、经营哲学、经营实学的内在统一，而这个统一的关键在于"心"，也就是利他之"心"。这个"心"有多个层次，人的活动一方面有外在的改造，另一方面更重要的是内部"心"的修炼。

山东盛和塾塾生任学保认为，学好稻盛和夫经营哲学要抓好心性的关键地位。稻盛和夫经营哲学的理念是利他，是让员工物质和精神都好起来，这同社会主义核心价值观不谋而合。西方企业经营理念是把股东放在第一位，而稻盛和夫经营哲学主张把员工放在第一位，这与党始终把人民利益放在最高位置是一致的。

任学保在经营企业的过程中思考如何提高经营管理水平的问题，也曾到处学习。2011 年，他在地方政府的组织下到中国多所高校学习，也曾带员工到一些大学的企业经营提升班学习，但是收效不大。2017 年，他的好朋友李金伦开始经常和他谈论稻盛和夫，他就在思考这个人有什么好的，有什么值得学习的呢？李金伦说，稻盛和夫这个人值得学习，学习的过程比较健康，大家能相互启发。后来，他就加入盛和塾学习了。他逐渐感觉到，在盛和塾学习的稻盛和夫经营哲学有利于企业发展，可以在企业经营中实践。只要每天坚持学习，把员工放在第一位，始终做到利他，就能够提升心性，就会为他人着想。而为他人着想了，周围的环境就会变好，就会吸引别人。

稻盛和夫受儒家文化影响较深，他有家国情怀，受东方文化影响很大。学习稻盛和夫经营哲学，心理认同是关键。刘先国认为，稻盛和夫经营哲学是认识论层面的东西，在本质上讲心相、讲梦想、讲深度潜意识。如果讲现在的企业投资，讲企业老板一心赚钱，这是与社会有冲突的。老板不能只顾自己赚钱，要把企业的利润分给员工，让员工与企业一道成长发展。在企业中，资本投资的利润归股东，劳动力投资的报酬也应分给劳动力。不但要承认资本投资，也要承认劳动力投资。劳动力应分到超额利润的一部分，重点是如何分配的问题。企业的利润至少有一部分是属于员工的，老板心理上认识到了这一点，他就是自愿的，自己也会感到是幸福的。他就是这样转变过来，并得到了员工的认同，这让他也感受到了自身的价值。他觉得钱是他这个老板自愿主动拿出来的，具体怎么分还要和包括员工在内的人一起商量，获得他们的认同。

学习稻盛和夫经营哲学的价值在于提升经营企业的境界。山东盛和塾塾生于德水在 20 世纪 80 年代就从事村办企业经营，当时是做牛皮纸、水泥袋子生意的，1983 年搞塑料包装，企业发展至今已有 40 年的历史。民营企业的发展有一个过程，每一个民营企业家的初心都是要把企业经营得越来越好，但是挣到钱之后，思想境界层次就很难再提升了。而盛和塾通过传播稻盛和夫经营哲学使得企业家有了责任心与自豪感，丰富了员工物质生活的同时丰富了员工的精神生活。在不断提高待遇的同时，为全体员工参加劳动保险、医疗保险、意外伤害保险等提供便利条件，并从工资中拿出一部分建立基金为员工遇到困难时提供帮助。

通过学习稻盛和夫经营哲学，员工心态发生了变化，员工有了归属感，这个变化很大。加入盛和塾后，于德水认识到企业家要率先垂范、亲力亲为，才能带领员工走向新台阶。稻盛和夫经营哲学是一个体系，对中小企业最适合。稻盛和夫经营哲学不是独创的，是同中华传统文化，特别与儒释道文化是相通的。通过进行学习梳理，很容易吸收采纳，很容易贯穿到企业管理中。

山东盛和塾塾生刘建玲原来在国企工作，2000年离开国企自己创业，没有资金、没有人脉，经历了从无到有、从小到大，先是做包装公司，后来做小贷公司，企业经营得挺好，并且具有一定知名度，但她就是经常失眠、精神紧张。2013年，刘建玲加入盛和塾后，坚持每天学习打卡，她还参加了最后一届盛和塾世界大会，她认为，稻盛和夫经营哲学有自己的逻辑体系，"阿米巴经营""会计七原则""六项精进"等内容的应用，使她的企业变化非常明显，员工与企业主的对立局面得到了缓和，企业员工实现了"要我干"到"我要干"的转变，企业经营更顺畅了。以前身边一些企业家存在的偷税逃税现象，现在基本上没有了，大家都自觉做好环保工作、维护生态环境、主动纳税。刘建玲自身的变化也非常明显，睡眠质量提高了，身体变得更健康了，家庭更和谐幸福了，孩子也更加优秀了。

四、推动企业哲学发展

企业经营中需要哲学成为新发展阶段企业的内在要求。有些企业家提出，做企业就是整合价值观，做企业就是做教育。企业本身需要一些特定的行业知识、行业技能、行业价值观。在企业里面，大家能够做一件事情，拥有共同认可的价值观，这个价值观教育就显得非常重要。稻盛和夫经营哲学是服务于凝聚企业价值观的。除了一般国民教育和专业教育，对员工的价值观教育、对企业认同感的教育、对企业基本理念执行的教育也非常重要。稻盛和夫经营哲学的传播、理解、践行，对企业来说有积极作用，对企业员工花大力气进行教育培训是值得的。

北京盛和塾塾生柯钢认为，通过学习稻盛和夫经营哲学认识到做企业要有哲学指导。理解事情的根本需要用哲学把握。柯钢说，他在上大学时，只是把哲学当成知识来学习。在中国科学院做科研的时候，就思考哲学的根本问题是什么。做企业时，发现经营企业也需要哲学，而这时突然发现稻盛和夫经营哲学就是做企业的哲学，那时，便开始了对稻盛和夫经营哲学的学习。

柯钢认为，哲学的根本问题在于追求真善美，如果不把真善美是什么搞清楚的话，追求到最后可能是邪恶的，把邪恶当成美了。所以说这个时候就要探究什么是真善美。而探究真善美的过程，最根本的还是一个哲学问题，最终探究到宇宙的本质和人的本质。他的理解是无论是宗教也好还是哲学也好，都是要研究宇宙的一些现象，探究根本的东西。稻盛和夫说，不管你怎么做，最后实际上就是看你能不能心纯见真，是不是能够更加纯洁一点。就是看你能否看清事物的本源。所以，他在盛和塾学习的时候有一个实证过程。这个实证就是通过实践，在经营当中验证对还是不对，正确还是不正确。

从现实的角度来说，你探究到事物的本质，事实就会搞明白。稻盛和夫说，任何时候都要把正确的事情以正确的方式贯彻到底。最根本的问题是看待万事万物，不要有先天带来的一些成见、偏见或者习性，而是要以一颗亲近的心去亲近。用清净心理看待事物就容易看清楚，事物的本源就容易被看到。那你做出的决定是对的概率就越高。

柯钢还说，在盛和塾学习，你的本领可以在每天认真的工作中得到提升，当你一心一意专心地去做工作的时候，就会有灵感产生。所以稻盛和夫经营哲学是个闭环，告诉你方法，让你用这个方法去体悟、去实践、去证明。通过学习证明这样是对的，这种喜悦感、自信心就会特别强烈。

2017年，柯钢跟团去日本游学，那一次赶巧见到了稻盛和夫。搞阿米巴经营模式的过程中他也曾怕失败，公司做了那么多次变革，这次变革可千万千万别失败了。去日本学习之后，他发现自己的变革真有问题。问题在哪儿呢？他组织划分的分部门核算都是对的，但是没有哲学思想。在盛和塾通过这样的浸泡式学习，越学越能理解这里边的奥妙。这里边根本的还是哲学问题——就是对事物认识的问题和经营的手法，它两边都有。作为搞企业的人就特别高兴，学到的既有认识论，还有方法论。

2016年，柯钢的公司经营出现了较大的问题。公司改革要搞阿米巴经营模式，这个时候他去研究发现，经营模式是稻盛和夫发明的。2017年，因为公司刚开始改革，刚开始学，亏损了6.3%；2018年就开始盈利，盈利了3.8%；2019年就盈利了15.6%；2020年，虽受新冠肺炎疫情的影响，但企业仍盈利20.8%。通过学习阿米巴经营模式也得到了实证。员工的收入平均起来，每年都能够提高15%，应该还是幸福的事情。

尤其是在遇到具有挑战性事情的时候，稻盛和夫经营哲学力量特别强大。一般情况下人们看待事物的时候，往往会用静态的观点来看待问题。这个地方行和不行，都是基于现在的条件、现在的能力来判断的。但是这个它不是未来的。任何事情你不去想，你不敢想，就是没有的。任何事情你要去想，就是解放思想，要把思想上的束缚给解放了，天地就无限广阔。

1998年，厦门盛和塾塾生陈健寿还是学生时，就开始从事油漆行业，他隐约感到市场很混乱。2009年，陈健寿出来创业，做"百年正行"。希望能够正行百年，德行天下，让行业充满阳光。正者通，通者达。"正通"不能商业注册，就改为"正行"。

做企业就是做教育。厦门盛和塾塾生陈耀辉说，他一开始创业时，只知道挣钱。2013 年，公司开始集体读《活法》和《干法》，开始的时候，上午上班前读书 15 分钟，后来是中午读。通过读书，知道了怎样做才能让物质和精神都幸福，只有精神真正富足，你才会真正幸福。做企业就是做教育，就是要全员学习、小组学习，工作中的每个过程都要围绕企业经营学习。稻盛和夫提倡做正确的事，在企业作决策时，要以道为先，以关心员工、关心社会为先，这样企业自然就受到员工与社会的关注。找到了正确的方向，就可以更好地面对员工，实现企业的共同富裕。

陈耀辉说，"作为人，何谓正确"就是要懂得取舍，这是稻盛和夫所讲的道。只有每天精进一点，就会距离道近一点。他以前觉得自己做的事跟社会、跟实际联系不紧密，加入盛和塾后，感觉内心被点燃了，做到企业理事长后，每次读到使命时，觉得自己做的事就是为国家作贡献，内心是激动的。

做经营就是要经营人心，经营好人心才是经营哲学。福州盛和塾塾生潘立说，他是在福州从事云南菜的餐饮经营的，从 2016 年至今将近 6 年的时间。2016 年，当时福州盛和塾理事长董大敏给他做了介绍，他第一次参加盛和塾组织的学习，感觉盛和塾这个组织很纯粹。学习了2年后，他正式加入盛和塾。一开始还担心中日文化、泛亚文化之间的冲突，后来发现稻盛和夫经营哲学的根是中国的，学习起来就更加放心了。

通过学习，他发现，每个企业都是伙伴组成的命运共同体。如果不重视员工，动力就不足。2020年初，新冠肺炎疫情暴发，是盛和塾带他渡过难关。没有稻盛和夫经营哲学，他的企业就难以生存下去。之前遇到困难是不会考虑员工的，只会考虑自己的得失，现在更多的是考虑员工和企业的发展，时刻想着200多名员工的家庭与生活。新冠肺炎疫情防控期间，企业虽然停业闭门，但是他的学习没有停止。他的每个员工包括厨师、搬运工、洗碗阿姨都跟着他学习。效果是明显的，员工的动作、表达、情绪、状态都有所变化，主要是他们把稻盛和夫的利他与感恩理念运用到了工作中。

潘立说，他发现员工的"心"变了，经营好企业就是要经营好员工的"心"。他在和其他经营者谈体会的时候认识到，只有关心企业的每一个员工，员工的"心"才能与企业紧紧贴在一起进而关注所在企业的发展，企业才会越来越好，他认为这个过程是一个质变的过程，中间肯定会有很多痛苦，但是一旦改变，就能收获满满的正能量。中国企业家的品格是值得赞扬的，但是在遇到问题时也需要有正确的理论作指导。正好稻盛和夫经营哲学为他们提供了有益参考。

第四章

稻盛和夫经营哲学
在中国广泛传播的原因

马克思指出："理论在一个国家实现的程度，总是取决于理论满足这个国家的需要的程度。"[①] 稻盛和夫经营哲学在中国广泛传播，受到政界、企业界、学术界的广泛关注，这不仅是因为稻盛和夫经营哲学本身是一个系统的经营理论，而且是因其与中国现阶段的发展息息相关。

一、稻盛和夫经营哲学与中国传统文化高度耦合

稻盛和夫经营哲学其实是在经营实践中逐渐琢磨、总结、提炼和觉悟出来的。这是稻盛和夫对自己人生与经营的一种综合认识和理解。同时，稻盛和夫经营哲学的形成有着深厚的文化背景。

稻盛和夫十分推崇中国传统文化，在他传播最广

---

① 《马克思恩格斯选集》第 1 卷，人民出版社 2012 年版，第 11 页。

影响最大的著作《活法》中，提到中国就有 11 次。稻盛和夫谈到对领导的要求时认为，中国明代思想家吕坤在《呻吟语》中提出，"深深厚重是第一等资质，磊落英雄是第二等资质，聪明才辩是第三等资质"，也就是说，人格第一，勇气第二，能力第三。在谈到磨砺人格时，稻盛和夫进一步阐述了领导者要具有深沉厚重人格就是应有"谦虚之心、内省之心、抑制自我的克己之心、坚持正义的勇气、持续自我磨炼的慈悲之心"①，这同中国古典文学中所说的"去伪""去私""去纵""去奢"是一个意思，反省自律，品行高洁，是身居高位者必须具备的精神境界。"六项精进"中的"要谦虚，不要骄傲"也应是出自《尚书·大禹谟》："惟德动天，无远弗届。满招损，谦受益，时乃天道。""'谦受益'是中国的古话，意思是谦虚之心换来幸福，还能净化灵魂"②。稻盛和夫强调的是大智若愚。

在重建日航期间，稻盛和夫遭遇了种种困难，其

①　〔日〕稻盛和夫：《活法》，曹岫云译，东方出版社 2019 年版，第 110 页。
②　〔日〕稻盛和夫：《活法》，曹岫云译，东方出版社 2019 年版，第 113 页。

中包括部分日航员工的误解与诽谤。面对这种艰难局面，稻盛和夫依旧坚守拯救日航的初心。他认为，善因绝不会结出恶果，遭到的误解，终究是暂时的，企业重建成功，员工感谢，善意善行的循环将继续扩展。这与中国明代典籍《菜根谭》所提出的"行善而不见其益，犹如草里冬瓜，自行暗长"相符。因果必报，耐心等待，行善积德、必结善果是一致的。

2013 年，稻盛和夫在成都接受中央电视台采访，主持人请稻盛和夫举例说明中国圣贤对他的影响，稻盛和夫回答：核心的一条就是"致良知"，就是达至良知，按良知办事。良知在日本叫良心，用他自己的话叫"真我"，真正的我就是良知。遵循良知判断事物，他认为这是绝对性的东西。到达良知的境界，将良知付诸实行，就是至今他所有事业成功的最大的原因。[①] 依据王阳明的良知论，良知是每个人所具备的，"人同此心，心同此理"，良知也就是天理。但稻盛和夫在此只是将其当作中国传统文化的重要概念来理解。他说，他也没有把中国的儒释道直接地、原封不动地

[①] 参见曹岫云：《稻盛和夫与中国文化》，东方出版社 2021 年版，第 39—40 页。

照抄照搬，而是将它们"意译"，就是将儒释道的本质理解消化，变成自己的哲学，然后再向大家解说。

以人为本、修己安人。"恻隐之心，仁也；羞恶之心，义也；恭敬之心，礼也；是非之心，智也"，孟子认为这是人皆具有的四心。也就是说，人具有仁、义、礼、智的天性。"天行健，君子以自强不息；地势坤，君子以厚德载物。"说的是人们要保持积极进取、发奋图强的竞争精神。普及对善的认识、自我努力及自我价值实现是人作为自身的天性。当人对此具有正确的认识，生命中暗藏的潜能便会被激发、活用。而当人对此的认识被遮蔽时，则生命的潜能便被埋没，从而人的价值也无法显现。[1] 凡是取得了巨大成功的人，无不是心怀梦想、坚持不懈地执着于自己的事业，并在追求事业的途中历尽艰辛。他们也因此造就了自己完美的人格。稻盛和夫创办、领导的两家公司（京瓷，KDDI）在历次经济危机中屹立不倒、业绩一路飙升，正是"自强不息"精神的最好证明。"以人为本"是在商业的经营中所提倡的，也是归宿。人是企业组织的最小单位，是企

---

[1]　参见刘庆红：《利他之心——稻盛和夫商业伦理思想研究》，人民出版社2021年版，第174页。

业发展的动力因素。他将企业经营的原理原则定义为"作为人，何谓正确"，注重的不是企业经营中的理性法则，而是非理性的人的认识与情感因素。[①]

企业经营从某种程度上来说也是对人的活动的灵活管理，灵活的组织构建、灵活的人事调配、以目标核算为组织的责任与考核，是维持企业经营与发展的活力。中国传统兵家思想认为，"治人在于分数"，分数就是按照一定的人数编成不同隶属关系明晰的组织单位，以"分数"加强管理，以确保分工明晰，责任到人，及时进行协调指挥，以使得资源进行合理调配。稻盛和夫所创建的阿米巴经营模式，就是以每一"阿米巴"组织为管理单位，进行资源的调配与活用。每一个"阿米巴"皆是一个灵活的组织，人员的调配可多可少，且人员可以根据企业经营需要进行灵活调配。每一"阿米巴"组织的人员可以根据经营目标需要调配到其他"阿米巴"组织，也可以从其他"阿米巴"组织调配人员进自身"阿米巴"组织。无论"阿米巴"组织规模的大小，其经营要求皆是能提升"附加价值"，且又不会让各"阿米巴"

---

① 参见刘庆红：《利他之心——稻盛和夫商业伦理思想研究》，人民出版社 2021 年版，第 174—175 页。

在公司内部形成功利主义的竞争，考核不是注重经营业绩，而是注重每一个"阿米巴"的创新力与创造活力。理想的企业应该是企业各组织在和谐相处的同时，能够自发自觉地提升各自的实力。也就是说，各"阿米巴"组织的经营实践并非出自自利便好，而是"利他"。"利他"是保证公司整体发展的根基。"利他"使每一个"阿米巴"相互团结并形成全体员工的力量，增强公司整体的经营战斗实力。①

　　稻盛和夫之所以受到中国传统文化的影响较深，是因为其受到几位日本传统文化的代表人物的影响，而这些代表人物又都受到中国传统文化的影响。稻盛和夫出生在日本西南部的鹿儿岛。在 20 世纪 30 年代，稻盛和夫就接受了这个地区的乡中教育等传统教育。这一时期，对稻盛和夫影响最深的是西乡隆盛（1828 — 1877 年）、石田梅岩（1685 —1744 年）等人，而这些人物皆受中国儒家文化影响至深。西乡隆盛，生于日本萨摩藩（今鹿儿岛县），明治维新三杰之一，武士、军人、政治家。西乡隆盛早期对中国儒家文化有相当的认

---

　　①　参见刘庆红：《利他之心——稻盛和夫商业伦理思想研究》，人民出版社 2021 年版，第 183 —184 页。

同和造诣。在稻盛和夫的经营哲学形成中，经常被提起的"敬天爱人"就是从西乡隆盛那里继承来的。稻盛和夫还经常提及西乡隆盛的语录汇编《南洲翁遗训》中的"立庙堂为大政，乃行天道，不可些许挟私。秉公平，踏正道，广选贤人，举能者执政柄，即天意也。是故，确乎贤能者，即让己职。""于国有勋然不堪任者而赏其官职，乃不善之最也。适者授官，功者赏禄，方惜才也"等语段。西乡隆盛在《南洲翁遗训》中的语录汇编，也是西乡哲学的精髓体现。稻盛和夫将《南洲翁遗训》中的"敬天爱民"改为"敬天爱人"，作为其企业经营文化理念，也作为京瓷公司的"社训"，刻在公司总部大门口。而西乡隆盛更是深受中国传统儒家思想的熏陶，其"敬天爱民"的思想就是受了王阳明心学的影响。由"敬天爱民"思想而诞生的"敬天爱人"思想，也成了稻盛和夫经营哲学的理论基础。[1]

在 1911 年出版的《善的研究》里，西田几多郎所要试图建立的哲学主要表现在两个方面：一是明治时代以来受到西方学术思想影响的日本学术界必须创

---

① 参见刘庆红：《利他之心——稻盛和夫商业伦理思想研究》，人民出版社 2021 年版，第 181 页。

造出具有自己独立性格的哲学；二是对于"真正的自我是什么"的探讨与研究。他以纯粹经验为立场，探讨自我存在的根源性、自我存在的实践形式、自我超越等方面的问题。西田几多郎的哲学根基是中国的传统文化，包含儒学、老庄思想、佛教思想，以及明治时代以来对日本人的价值观产生巨大影响的西方哲学思潮。西田几多郎是从感觉、思维、意志、知的直觉来对应实在、善、宗教（或存在论、实践论、A 超越论），由此展开对"自我"的多重化结构的认识。稻盛和夫的商业伦理思想可以说很好地践行了西田几多郎对"自我的认识"，他的商业伦理思想建立的根基也是中国传统文化。他将人的本体论作为其商业伦理思想的出发点和回归。主要还是探讨"作为人，何谓正确""真我"及"真我的实现"，强调思维、意志、认识的直观作用与纯粹经验。在他的观念里，"作为人，何谓正确"是企业经营的普遍原理原则。因为企业经营是灌入了人的情感、认知、思维、意志，它不是无生物，而是具有了生命与责任的有生物。[①]

---

① 参见刘庆红：《利他之心——稻盛和夫商业伦理思想研究》，人民出版社 2021 年版，第 190—191 页。

日本在历史上深受中国传统文化，特别是传统儒家文化的影响。中国传统文化对日本的文化、政治、思想及道德观念起着潜移默化的深远影响，对日本近代经济的发展也起着重要的推动作用。稻盛和夫比较推崇江户时代的町人，即工商业人士的思想家石田梅岩的心学理论。石田梅岩提出"商人之道"的思想。他指出，商业与农业和手工业相比较，具有不稳定性。他认为是"商人多不闻道，故有类此"，"商人不知其道者，贪婪无度以致亡家"。他说"我之所教者，教商人之道也"。他所论述的最重要的一点，便是"商人之道"，主要是要求商人应当受约束，惩戒牟取暴利和投机取巧的行为，提倡重信用，讲诚信。石田梅岩所论述的"商人之道"，其中的许多内涵是从中国传统儒教道德中批判地借用而来，将儒教道德同经济活动联系起来。其"商人之道"，肯定了商人追求利润的正当性、现实性，但谋利应以不违背人的正确的道德为原则。在稻盛和夫经营哲学中，确立了以"利他"及"社会责任"为主体的价值观，认为这是企业成长的必要条件，并善于结合企业经营实践，从中总结出经验，提炼成企业经营理念，用以指导企业始终能以正确的观点与举措不断改善和加强企业管理与经营，并由此建立自身的企业文化，使企业保持健康、活力与创新机制。企业，它强调和员工齐心同力，共同推动企业的发展。这也体现在稻盛和夫的阿米巴经营模式中，在阿米巴经营模式中，强调全员参与，每个员工都在"利他"经营哲学的指导下，对公司的利润负有责任，对公司形成一种忠诚感，最终管理层做决策时考虑员工的利益，考虑是否利他，充分与员工沟通，进而共同致力于企业发展。"自利利他"也出自石田梅岩"真正的商人应考虑人我双赢"，意思是商人从商的极致就是让对方得利、自己也获利。[①]稻盛和夫在强调其经营之道时，经常引用石田梅岩先生的话，"真正之行商者，谋人我两利"，个人的才能，是为世间和人类服务的，这便是人最大的价值体现。

　　石田梅岩创立的"石门心学"作为德川时代道德性实践之实学，在日本思想史和经济思想史上有着重要的意义。"石门心学"与中国传统儒学有关，从而具

---

　　① 参见〔日〕稻盛和夫：《活法》，曹岫云译，东方出版社2019年版，第152页。

有中日思想比较的研究价值。"石门心学"阐释职业伦理与商人赢利的合理性等。"石门心学"使町人阶层拥有了系统的伦理思想。稻盛和夫认同石田梅岩的诚实经商，从事商业活动并不是什么卑劣的行为。他说："石田梅岩生活的时代，正是日本商业资本主义的勃兴期，这与西欧资本主义在新教伦理的基础上发展起来是同样道理。失去了（石田梅岩开创的）这种伦理观，是日本资本主义的悲哀。对此，大部分人并没有注意，这是现代文明面临的危机。"可见，稻盛和夫认为，"石门心学"对日本资本主义发展所起的推动作用可以和新教伦理对欧洲资本主义发展的作用相提并论。由此，稻盛和夫才得出"伦理是经营的动力"的结论，无论在西欧，还是在日本，作为初期资本主义担当者的企业，都是通过经济活动实践社会正义的。初期资本主义是为人类社会的进步发展作贡献的体制，是对社会行善的体制。在高度伦理性的基础上，后期的资本主义才取得了飞速的发展。这对企业的发展和经营有着一定的启示意义。

日本文化中的匠人精神及对他人的体贴与关照，中国传统儒家文化中的责任担当，深深地影响着稻盛和夫的人生目的与企业目的："为社会、为世人，不断地作贡献""追求全体员工物质和精神两方面的幸福""为顾客提供最好的服务，提高企业自身价值，为社会的进步和发展作贡献""以利他心度人生"，等等。如道家哲学中的"天人合一""道法自然"思想，又使稻盛和夫非常注重企业的发展与生态平衡，注重员工的发展与身心和谐。稻盛和夫提出遵守原则原理，这里就是遵守天道、自然等，他所追求的是天人和谐、人与自然的和谐、自然生态的平衡。稻盛和夫在经营过程中，不仅仅强调天人和谐、人与自然的和谐，更强调人与人之间的和谐，这种和谐也是遵守人与人之间的伦理道德，遵守道德底线，建立人与人之间的信任，形成彼此的忠诚，最终通过通力合作而形成共生共爱、共生共赢的局面。[①]

稻盛和夫将中国传统文化中的佛教、日本的神道教及西方的新教信仰植入经济活动中。佛教的经济伦理原则，认可物质财富的必要性和合法性，强调以合理、合法的途径获取财富，必须理性消费与合理配置，

---

① 参见刘庆红：《利他之心——稻盛和夫商业伦理思想研究》，人民出版社 2021 年版，第 249、250 页。

强调在世俗化与内在神圣性之间的有机统一。稻盛和夫童年时代参加过隐蔽念佛活动，养成了随时准备说"谢谢"的习惯，这在稻盛和夫经营哲学中的一些措辞和思维中可以看出端倪。2001年，稻盛和夫在天津参加第一届中日企业经营哲学国际研讨会，被问到其思想来源之时，他回答说：儒释道等中国古代先贤的思想都有影响。

1997年9月7日，稻盛和夫在临济宗妙心寺派圆福寺西片担雪禅师的指引下，正式皈依佛教。稻盛和夫认为，神佛并不具有决定一切的超然作用，信仰者可以与信仰对象处于平等的位置上。一个高尚的人遇到幸福，并不是因为神佛保佑，而是由于他心灵的"高尚"。稻盛和夫对佛教中的禅宗情有独钟，其对心的研究、提升心性的思想与禅宗非常切合。禅宗的经典著作《六祖坛经》，主张心性本净，佛性本有，觉悟不假外求，舍离文字义解，直彻心源。认为"于自性中，万法皆见；一切法自在性，名为清净法身"。一切般若智慧，皆从自性而生，不从外入，若识自性，"一闻言下大悟，顿见真如本性"，提出了"即身成佛"的"顿悟"思想。在我们的意识里，"利他"是一种宽泛的概念，如在中国传统儒家思想里，将"仁爱之心"看作"利他"；在佛教思想里，将"慈悲之心"看作"利他"。在其《心法》一书中，他强调了五种资质，其中一种比较重要的资质是"抱有关爱之心"，也是佛教的"慈悲"。领导者必须要有一颗关爱他人的慈悲之心。同时，还必须懂得自省、自律。稻盛和夫强调佛的自省与自律，正是为了达到纯净灵魂、爱、善、利他。佛教教导的"慈悲"，换句话说，就是充满温暖的关爱之心。关爱之心和"爱"也可以称作"利他心"。"所谓利他心，就是不只考虑自己的利益，就算做出自我牺牲，也要为对方尽力的那颗心，是作为人最美丽的心。我觉得在商业世界里，利他心也是最重要的。"[①]稻盛和夫正是从佛家的思想里，找到了强大的精神动力，又将此精神动力，转化为企业的影响力与创新力及推动力，创造了奇迹。稻盛和夫，确切地说是一位企业经营及人生价值实现的实践者。他的所有哲学思考、所有思想理念皆来自于在企业经营及人生价值实现实践中的体验、探索、感悟、提炼与

①〔日〕稻盛和夫：《敬天爱人：从零开始的挑战》，曹岫云译，机械工业出版社 2016 年版，第 91 页。

升华。所以，他一直强调人生是一个"动"的运动过程，就是通过生活与工作实际的实践，从中总结经验，提升感悟，要不断地反省，排除利己、树立利他的思维。①

二、注重培育企业家的利他之心

稻盛和夫认为，"人生的一切都是自己内心的投射"，心灵塑造一切事物，心灵驱动一切运行，所有成就都归功于利他之心。稻盛和夫将此原理界定为世界的绝对法则，推动万事万物运行的第一原理。在稻盛和夫看来，世界是人心灵的映射，人生所有的遭遇，皆由内心吸引而来，现实只是心灵描绘景象的再现。

在稻盛和夫看来，所谓境由心造，就是心若不呼唤，则物必不至，也就是"胸中怀有强烈的愿望——要怀有渗透到潜意识的强烈而持久的愿望"②，显意识和潜意识之分，后者的容量是前者的若干倍，人的一生

---

① 参见刘庆红：《利他之心——稻盛和夫商业伦理思想研究》，人民出版社2021年版，第4页。

② 〔日〕稻盛和夫：《经营十二条》，曹岫云译，人民邮电出版社2021年版，第31页。

全部所见、所闻、所感都积蓄在后者。稻盛和夫以日常生活为例来说明这一点。

比如，学开汽车（日本），"右手握着方向盘，左手控制排挡，右脚踩油门或刹车"，这套操作要点，我们先用头脑理解，即运用显意识，将它们集中于"驾车"这一行为。但熟练以后，即使不思考操作要点，而是思考别的事，照样可以开得平稳自如。那是因为运用显意识反复驾驶汽车的过程中，显意识渗透到潜意识，结果潜意识在无意识中发挥作用，帮了我们的忙。①

在稻盛和夫看来，"迫使"潜意识发挥作用的方式有两种：一种方式是受到强烈的打击，比如濒死时人的潜意识会在脑中风驰电掣般显现，但这种体验没有几个人愿意提前经历。另一种方式就是抱着不达目的决不罢休的态度，日日夜夜在脑中模拟练习，那么这种观念便可以进入潜意识，最终将观念变为现实。从实践来看，稻盛和夫创立京瓷，创办 DDI，重建日航，担任盛和塾塾长，投资设立稻盛财团，创设国际奖项"京都奖"，都体现了稻盛和夫的这一思想。

---

① 〔日〕稻盛和夫：《经营十二条》，曹岫云译，人民邮电出版社 2021年版，第 32 页。

稻盛和夫提出了人生方程式。人生·工作的结果 = 思维方式 × 热情 × 能力。在稻盛和夫看来，即使能力平平，也可以用热情来弥补。因为能力和热情的数值范围都是 0 到 100，他以自己为例，能力有 60 分，但是热情有 90 分，总分是 60×90 = 5400。假设有一名毕业于名校的优等生，能力有 90 分，但是缺乏热情，只有 40 分，那么他的总分为 90×40 = 3600。两者的结果是截然不同的。然而，能力与热情固然重要，但更重要的是"思维方式"，它是一个人世界观、人生观及价值观的表现。思维方式的数值范围与能力、热情不同，为"-100"到"+100"。如果一个人的能力和热情的数值都很高，但他却秉持极度利己主义的思维方式，那么最终他不仅会对自己，而且会对他人和社会也会造成很大的伤害。公司经营丑闻、社会负面新闻层出不穷，就是因为思维方式的数值是负的，极端的情况是能力和热情都是 100 分，但是思维方式却是 -100 分，三者相乘，结果是 -1000000 分。正确的思维方式，包括公道、正派、谦虚、反省、感恩、开朗、勇敢、克己、善良等品质，拥有这样的思维方式，辅之以热情和能力，就可以度过幸福人生。

稻盛和夫说："要发挥集团的功能，产生成果，前提是：这个集团瞄准的方向必须明确，集团全体人员必须顺着这个方向形成合力。在企业里，形成这种合力要依靠被称作'经营理念'和'社训'的企业基本规范。其基础就是根本性的思维方式或哲学。"[①] 对于日航的经营管理，稻盛和夫从三个方面提出了要求与改善意见：一是要善于发现企业管理方面存在的问题；二是要活用其经营哲学从而潜移默化地对员工产生影响，进而将经营哲学与员工的自身行为相统一，促进员工的积极性与创造性；三是对制度和组织结构进行改革，从而产生激活企业运营的效果。日航在稻盛和夫的管理下，扭亏为盈，创造了日航60年历史上最高利润两倍的纪录。不仅在利润方面创下最高，而且仅用一年的时间就使日航的准点率和服务水平达到世界第一的水平，这充分而有力地证明了，稻盛和夫经营哲学的理论与实践的高度统一性、实用性、效果性。

当今社会中，由于以市场经济为主导，企业经营者以"利润最大化"为追求，这种经营理念会导致伦

---

① 〔日〕稻盛和夫：《敬天爱人：从零开始的挑战》，曹岫云译，机械工业出版社2016年版，第5页。

理与经济的冲突和异化。企业在经济前景较好时，可以通过让渡一定的利润，使得员工获得较高的工资回报，形成一种劳资合作。当经济萧条时，企业会破坏隐性承诺，减少员工的工资，或者会辞退员工，进而形成劳资冲突，导致合作只能是暂时的。这样循环下去，必然会形成劳资冲突。然而稻盛和夫"以心为本"的商业伦理思想是通过"利他"的经营思想来使得员工信任经营者，经营者信任员工，最终形成劳资双方的一种合作。为了共同的目标而相互信任，即使在经济艰难的情况下，彼此也会通过拼命工作经受考验和磨砺，形成一种自愿的利他，以无所图之心利他，使得经营者和员工形成一种长期的共存关系。正如稻盛和夫当年在京瓷经营过程中所出现的镜像：京瓷公司开始没有钱财和物，也没有大企业的地位和声誉等，也没有技术，当时仅仅拥有相互信任的 28 名员工。稻盛和夫认为虽然人心不可测，人心最容易改变，但是当人心一旦建立起相互信任的关系，也是最可靠的存在。[1]

---

① 刘庆红：《利他之心——稻盛和夫商业伦理思想研究》，人民出版社 2021 年版，第 249 页。

接受稻盛和夫经营哲学后，企业家世界观、人生观、价值观的变化是一个共同特点，但不同企业家的侧重点各有不同。

无锡盛和塾塾生蒋越庆认为，自觉人生意义在于寻求真善美。自己在 50 岁前后遭遇了重大人生危机，认为自己的人生挺失败，人生本无意义。每个人他的使命是不同的。每个人来到这个世上，是有必然性的。稻盛和夫到了日航，是以良知唤醒良知。良知唤醒了以后，爆发的力量无比强大。当全体员工努力的时候，这个力量是无比巨大的。

提高心性，确立为他人、为社会服务的价值观。稻盛和夫经营哲学的接受者认为，稻盛和夫经营哲学的核心理念是利他，是让员工物质和精神都好起来。稻盛和夫经营哲学把员工放在第一位，但有的企业把客户放在第一位，究竟哪个正确？稻盛和夫说，把客户放在第一位是天经地义的，做生意谁不知道把客户放在第一位，但不能忽视员工利益。不提客户至上，也会把客户至上的。民企不提股东利益，但也是为了股东利益。现在提把员工利益放在第一位，是理想，努力把员工利益放在第一位。企业是你在掌握决策权，这是天平的一边，只有另一边是员工，才能平衡。由此生发扩展开来，塾生经营好自己企业的同时，组织企业家培训和学习，帮助经营不好的企业发展，让更多的企业树立正确的价值观，努力为社会作出积极贡献。在我们的物质生活满足后，就要努力实现精神生活的富足，而为社会作贡献能够让我们感到精神幸福。稻盛和夫经营哲学启迪我们，重新认识到了小学时接受的教育的价值。"我小的时候认为老师教的都是对的，后来工作了进入社会，觉得老师教的是不对的，经过学习稻盛和夫，现在又觉得老师教的是对的"，一位塾生这样介绍自己的认识过程。如果要精神幸福，先要提高心性，把心变好了，人才能幸福。心性提高后，就开始为别人着想。凡是为自己着想的，人际关系越来越窄，只有心性越高，才能接纳更多的人，周围环境才能更好，自己也会最终受益。

2008年，有着化学专业背景的周新平，在个人事业的高峰期，辞去跨国公司中国区总经理职务，放弃了优厚的待遇，怀着带领乡亲们脱贫致富的梦想，义无反顾地回到湖南衡阳，发动农民种茶，投资种植茶树，收购茶籽，兴建湖南大三湘茶油股份有限公司。

2010年下半年，在湖南衡阳老家创业近两年后，大三湘的创办人周新平决定放弃他的茶油事业。在乡亲们的极力挽留下，他再次奋起，以科技创新开创了中国茶油产业发展的新局面，成为中国茶油品牌领导者。2020年12月21日，他被授予第八届"光彩事业国土绿化贡献奖"。天道无亲，常与善人。

明朝王阳明说："无善无恶心之体，有善有恶意之动，知善知恶是良知，为善去恶是格物。"稻盛和夫对王阳明心学思想的吸收，是通过日本倒幕英雄西乡隆盛这一中介实现的。西乡隆盛是王阳明心学的忠实追随者，西乡隆盛曾经说"修心炼胆，全从阳明学而来"。西乡隆盛主张，学习王阳明心学必须"自得于心"，不然就是"空读圣贤之书，如同观人剑术，无丝毫自得于心"。西乡隆盛思想的核心理念是敬天爱民。可以看出，西乡隆盛确实把王阳明心学"知行合一""致良知"思想精髓学到位了。西乡隆盛的训诫被编纂成册，就是《南洲翁遗训》。

北京盛和塾塾生王兴华认为，稻盛和夫经营哲学中的为人与做事的思想，与他从小到大生活与读书所形成的价值观是吻合的。后来发现，王阳明的致良知与稻盛和夫经营哲学有相通之处，这让他感觉到，这其实就是我们东方共同的一个价值观。2012 年，王兴华的教育公司刚刚起步，因为服务问题，学生家长与员工发生了较大冲突，当时河北分校校长只有二十五六岁，不知道如何处理，学生家长要求总校校长来。王兴华在去石家庄的路上也不知道该如何处理，因为从来没有遇到过这种事情。在石家庄火车站，过马路时看到一位 70 多岁一条腿瘸了的卖水老太太推着车要过马路，他就很顺手帮着推到路那边去。推完后刚走没几步，突然老太太拿了一瓶水叫住他，他以为让他买瓶水，他说他有水，老太太说"我送给你的"。老太太要卖很多瓶水，才能挣到这一瓶水的本钱。就那一瞬间给他的感觉好像一下子世界变了，他便带着这种心情去处理冲突。不光那个事处理得很好，他还跟那个学生家长成了好朋友。回想起来，看上去是他在帮助那位老人，但却是老人在帮助他。他在学稻盛和夫经营哲学时，看到稻盛和夫在化缘时被人帮助的故事，都能找到很多类似的共鸣。这就是对稻盛和夫"作为人，何谓正确"的一种解释。

三、关于企业生存与发展的哲学

当前，我国正处在实现中华民族伟大复兴的关键时期，世界百年未有之大变局加速演进。当前，已全面建成小康社会、实现第一个百年奋斗目标，正在为全面建设社会主义现代化国家，为实现第二个百年奋斗目标不懈努力，我国已进入了一个新发展阶段。中国企业经营发展到了一个新阶段，无论是国际经济、国内经济、区域经济还是行业经济，都产生了新的变化和发展。2012 年以来，中国企业家面临着在大环境变局下如何转型的问题，在不可预知的危机困难面前，中国企业家如何渡过危机，如何实现与国家同呼吸共命运等较关切的问题。中国的许多民营企业家都在学习践行稻盛和夫经营哲学，获得了不同程度的发展，但中国企业家必须结合自身企业的实际情况，从企业自身的具体情况出发，才能实现稻盛和夫经营哲学的具体化。

（一）稻盛和夫经营哲学是"活学活用"前人理论的典范

第一，稻盛和夫经营哲学是总结前人经营经验的成果。稻盛和夫经营哲学的形成是稻盛和夫在具体的经营实践中、在吸收同行业其他优秀经营者的经营经验基础上，结合自身的理论基础而形成的。稻盛和夫经营哲学的理论来源于他对生活经验和经营经验的总结概括。比如，前文提到的他对少年时感染肺结核原因的顿悟，就在日后直接运用到了经营企业理念之中；比如，在"六项精进"第一项付出不亚于任何人的努力中，稻盛和夫讲述了他舅舅舅妈的经营故事，"舅舅并不知道什么是经营、该怎样做买卖，也不懂财务会计。但是，就是凭借勤奋和辛劳，他的菜铺规模越来越大，直到晚年，他的经营一直很顺利。只是默默地埋头苦干，没有学问，没有能耐，但是，正是这种埋头苦干给他带来了丰硕的成果"①。

比如，水库式经营理论，就直接来自松下幸之助的经营理论，稻盛和夫是活学活用了这一理论。松下幸之助在题为《企业管理的贮存法》的演讲中提出，就像是一个水库需要保持一定的蓄水量一样，经营企业一定要善于做好现金贮存工作。一位听众问道："松

_____

① 〔日〕稻盛和夫：《六项精进》，曹岫云译，人民邮电出版社2021年版，第24—25页。

下先生，我非常赞同您的这个观点。可是，我总是缺少资金。在资金缺乏的情况下，我要怎么样进行贮存呢？"松下笑着对这位听众说，这个问题我也解答不出来，但是你还是要相信贮存的重要性，总有一天你要用到它。听众对这样没有具体方案的回答都感到失望甚至好笑。然而，稻盛和夫的反应与这些听众的反应完全不同，他相信松下所说的水库式经营理论，需要做的是，根据自身企业的具体情况来实现这一理念。京瓷能够实现经营几十年零负债，平稳渡过经济金融危机，稻盛和夫活学活用松下的水库式经营理论在其中发挥了关键作用。至于稻盛和夫在总结自己的经营企业方面活学活用的事例，更是不胜枚举，比如"阿米巴经营""会计七原则"等，都是根据自身经营经验所提炼升华的。

第二，稻盛和夫经营哲学具有理论的相通性。比如，付出不亚于任何人的努力，"六项精进"和"经营十二条"都贯穿了这一思想，甚至完全是同一个表达，但前者侧重于人生哲学，后者侧重于经营企业。再比如，尊重企业员工，如果只看调动员工积极性的话，它是其中一个重要内容，但是它同时又是阿米巴经营的一个重要目的。从更高的意义上来说，稻盛和夫的人生哲学，对于宇宙的认识，对于人生的认识，又贯穿在企业经营的各个方面，如拼命努力的人生态度，落实到具体工作时，就是创新技术、开拓市场、创造制度等。

此外，西乡隆盛、大久保利通、石田梅岩等人并未直接参与过企业经营实践，但他们的认识与理论深刻影响了稻盛和夫，并体现在了稻盛和夫的经营哲学中，这也是稻盛和夫活学活用他们思想的结果。稻盛和夫将这种勤奋的精神总结升华为人生哲学，作为指导企业经营的最高纲领之一，可谓活学活用的典范。

（二）稻盛和夫经营哲学是化危为机的哲学

稻盛和夫的企业在危机中化危为机，在萧条中逆势成长，迎合了国内现阶段企业发展所面临的大环境的需要。

企业在发展过程中难免会遇到经济萧条，如何正确地把握好经营之舵，是企业经营者面临的重要课题。京瓷没有出现过一次年度亏损，实现了企业顺利成长发展的目标。从 20 世纪 70 年代的石油危机、20 世纪 80 年代的日元升值危机、20 世纪 90 年代日本经济泡

沫破裂危机、2000 年的 IT 泡沫破裂的危机，到 2008
年的全球金融危机，京瓷曾遭遇过多次严重的经济萧
条。但是，为克服萧条不懈努力，每一次闯过萧条期
后，京瓷的规模都会扩大一圈、两圈。

稻盛和夫是如何做的呢？稻盛和夫这样说："我从
很早开始就以高收益经营为目标，并不断积累企业内
部留存。这就是随时准备应对萧条，是对付萧条最有
效的预防策略，对这一点我深信不疑。"① 坚定了"应当
把萧条视为成长的机会"的信念。稻盛和夫认为，克
服萧条，就好比造出一个像竹子那样的"节"来。经
济繁荣时，企业只是一味地成长，没有"节"，成了
单调脆弱的竹子。但是由于克服了各种各样的萧条，
就形成了许多的"节"，这种"节"才是使企业再次
成长的支撑，并使企业的结构变得强固而坚韧。

追求高收益正是预防萧条的最佳策略。高收益是
一种"抵抗力"，使企业在萧条的形势中站稳脚跟，
企业即使因萧条而减少了销售额，也不至于陷入亏损。
高收益又是一种"持久力"，高收益企业有多年积累

---

① 《稻盛和夫把萧条看作再发展的飞跃台》，《企业管理》2016 年第
10 期。

的、丰厚的内部留存，即使萧条期很长，企业长期没有盈利，也依然承受得住。

稻盛和夫认为，没有 10% 的税前利润率，就算不上真正的经营。萧条出现，首先是客户的订单减少，比如本来卖 100 个现在只能卖 90 个，利润当然会减少。但如果平时维持 10% 的利润率，即使销售额下降 10%，照样可以盈利。就是销售额下滑两成，企业仍然可以保证有一定的利润。只有当销售额下降 30%、40% 时，才可能出现赤字。利润率高意味着固定费低，销售额多少降一些，利润只是减少而已。如果企业利润率达到 20%、30%，即使销售额降低一半，企业仍可盈利。高收益的企业即使遭遇萧条，销售额大幅下降，仍然可以保持一定的利润。这意味着企业的基础非常稳固。

1973 年 10 月，第一次石油危机冲击全世界，受其影响，世界性的萧条波及京瓷。1974 年 1 月，京瓷的订单额每月有 27 亿日元，但到了同年 7 月，骤减至不到 3 亿日元。仅仅在半年之内，月销售额减到了 1/10，即使遭遇如此急剧的变动，这一年京瓷依然没有出现亏损。这是因为京瓷具有独创性技术，能批量制造当时谁也做不了的新型陶瓷产品，而且平时又贯彻"销售最大化、经费最小化"的经营原则，利润率超过了值得自豪的30%。2001年，在日本企业界一片萧条的境况中，京瓷却独领风骚，屹立不倒。其营业收益率排在世界500强企业的第19位，是进入世界500强企业前30位中唯一一家日本企业。

高收益还可以保证员工的就业。在石油冲击引发大萧条的时候，连日本的大企业也纷纷停产，解雇员工，或让员工歇业待岗。而京瓷在保证所有员工正常就业的同时，仍然确保产生利润。稻盛和夫自信地对员工说："请大家不要担心，即使大企业也因不景气接连破产，京瓷仍然可以生存，哪怕两年、三年销售额为零，员工们照样有饭吃，因为我们有足够的储备。大家不必惊慌，让我们沉着应战，继续努力工作。"稻盛和夫的底气是：京瓷有足够的资金。现在京瓷随时可以使用的现金约有9000亿日元，有如此充裕的储备，不管遭遇怎样的萧条都不会很快动摇京瓷经营的根基。

2010年2月1日，稻盛和夫正式出任日本航空公司会长，创下日本国内金融业以外公司最大的破产案件。日航向法院递交破产保护申请，从而创下了日本历史上除去金融业之外的最大破产案。无奈之下的日本政府，最终将拯救者锁定了稻盛和夫。为了让稻盛和夫"出山"，日本政府"三顾茅庐"。先是日本"企业再生支援机构"主管亲自登门拜访，后是日本国土交通大臣前原诚司亲自邀请，最后是日本首相鸠山由纪夫当面恳请。

2010 年的日航存在的主要困难有两个。

困难一：根据《日航再生方案》，未来 3 年日航要压缩 470 亿日元的人工费支出，为此将要裁员 1.56 万人。但日本最强的工会——日航工会，往往会在自己的要求得不到满足的时候举行全员罢工与停飞。因此，如何做好工会的工作，完成庞大的裁员计划将考验稻盛和夫的交涉能力。

困难二：当时日航计划 3 年内将取消 50% 的国际和国内航线，这就意味着，公司的业绩将会出现大幅下降，在这种状况下，稻盛和夫既要提升经营业绩又要偿还公司债务实属不易。而最令外界担忧的还是日航的发展方向不明。作为一家以经营国际航线为主的公司，在世界经济不景气的情况下，废除半数的国际航线，日航很可能在不出 3 年的时间内，演变成一家专门售卖廉价机票的三流公司。

稻盛和夫最终同意这个请求的理由一共有三点。

第一，稻盛和夫担心如果日航垮掉，会给日本经济带来严重的负面影响。日本经济原本就已经是弱不禁风，如果在这个时候，像日航这样的大企业突然垮掉的话，必然会给日本经济带来严重冲击。

第二，虽然重建日航不得不解雇一部分员工，但是如果能够成功拯救日航的话，则能保证余下 3.2 万名员工的就业。稻盛和夫认为在现在这样一个就业难的时代，在社会失业人数不断攀升的情况下，如果日航这样的大公司的员工能保持就业稳定的话，对于整个日本社会都将具有极其重要的意义。

第三，日航一旦倒闭，日本就只剩下全日空一家航空公司。任何行业中，一家垄断绝对不符合社会大众的利益，必然会导致各种各样的弊端，因此日航的倒闭对日本全社会而言绝对不是一件好事情。

从 2010 年 2 月 1 日出任破产重建的日航会长，到 2011 年 3 月底，仅仅 14 个月（424 天），日航就起死回生。2010 年度实现利润 1884 亿日元，2011 年实现利润 2049 亿日元，利润率 17%。公司重新上市后，日航不仅偿还了政府通过再生支援机构援助的 3500 亿日元，而且多支付了 3000 亿日元。

是什么让日航在短短的时间里凤凰涅槃？

第一，是稻盛和夫零工资的奉献给了全体员工以很大的精神鼓励。稻盛和夫接受政府的邀请出任公司会长时将近 80 岁，在许多员工眼里，稻盛和夫是他（她）们的父辈、祖辈，稻盛和夫一生与日航没有什么关系，却愿意不领一分钱为日航的重建奉献最后的力量，给日航全体员工树立了一个很好的榜样。

第二，按照政府再生支援机构的重建要求，日航要裁减一部分员工，同时也要保护更多的员工继续留在公司工作。稻盛和夫之所以答应政府的邀请到日航来担任会长，是认识到不能让日航倒闭，不能让它影响日本经济，尽可能地保住更多人的工作机会。

第三，明确日本航空公司的经营目标，并将这一目标反复向全体员工传达，让每一位员工时刻牢记自己要做什么，公司要做到什么。这一做法，与稻盛和夫创建和经营京瓷公司、DDI 公司一样。只有把员工的幸福放在第一位，大家团结一心，经营者与员工的心灵产生共鸣，企业才能走出困境，才能获得健康发展。

第四，稻盛和夫对日航进行了改革，尤其是对官僚体制进行了彻底的改革。日航之所以破产，是因为盲目的扩张和严重的官僚主义。

第五，稻盛和夫发现日航的各项统计数据不仅不全，而且统计时间很长很慢，以至于经营者无法迅速掌握公司的运营情况。经过改革，现在各个部门的数据做到即有即报，公司详尽的经营报告，做到了一个月内完成，为快速决策提供保障。同时，对公司内部经营体制实施了改革，实行了航线单独核算制度，并确定了各航线的经营责任人。注重改变那些看不见的公司风气和员工的意识，使每一位员工都能够以自己的公司而自豪，都能够发自内心地为公司服务，那么这一家公司就一定会发展得很好。

一直以来，中国盛和塾的塾生们都在认真地学习稻盛和夫经营哲学并将其在实践中具体化，使塾生的企业发展越来越好，形成了一批较好的案例。其中，成都盛和塾发起人——伊诚地产创办人徐万刚在经营中遇到问题，加入盛和塾后，活学活用稻盛和夫经营哲学，随后企业合并到贝壳找房（北京）科技有限公司，他也是中国盛和塾塾生公认学习与实践稻盛和夫经营哲学的典范。贝壳找房（北京）科技有限公司是较少提及稻盛和夫的企业，但是在企业经营过程中的很多环节都体现了稻盛和夫经营哲学的精神。

　　学习与实践稻盛和夫经营哲学获取了积极成效。根据贝壳找房（北京）科技有限公司首席运营官、成都盛和塾理事长徐万刚介绍，在接触稻盛和夫经营哲学之前，他已经有一些与稻盛和夫经营理念相近的想法了。2004年，徐万刚进入了房产中介行业，试图通过线上整合线下中间门店，形成线上线下一体化营销的模式，但这个想法在当时过于超前，模式运行并不成功。2006年，挣差价是行业从业公司的重要盈利点，在亏损了几百万元的情况下，决定取消差价，做对员工和客户有益的事情。他做好了第二个月继续亏损的准备，但第二个月业绩突然不降反升，从那以后每个月都盈利。其原因非常简单，当着客户说一套，当着房东说一套，演技又不高，很快就会被别人识破。老老实实做人，反而赢得人家的信任，正常的佣金收入就到手了。稻盛和夫讲，人生·工作的结果=思维方

式 × 热情 × 能力。干坏事，思维方式是负的，当思维方式为正时，企业就会往正方向走，发展也会比较顺利。

2011 年，徐万刚加入了盛和塾，学习积极性非常高。为了深入学习，他还专门去了 4 次日本。2011 年11 月，他专门开了一个践行稻盛和夫经营哲学的启动会。2013 年，徐万刚在稻盛和夫经营哲学成都报告会上做经营体验介绍，会议结束后，稻盛和夫参加了伊诚地产季度大会。2014 年，东京电视台采访他，问中国企业只学了两年稻盛和夫经营哲学，发生的变化非常大，比日本企业学习五六年甚至七八年成绩都大，问这是为什么。徐万刚认为，一是稻盛和夫经营哲学受到了中国传统文化的深刻影响，思想的根基在中国。二是虽然只有两年时间，但是他们比一般的企业学五年都学得多。每个公司员工每天都在读书，读完了要分享，每周要开研讨会，大家轮流朗读一节，然后讨论几个小时。每天晨会都在学习，第一遍通读，第二遍讲实践中要怎么应用，第三遍就是提炼金句。

在稻盛和夫经营哲学的体系中，徐万刚认为，思维方式是最核心的部分。贝壳公司成立以来，三年半时间所取得的发展成就对大多数人而言，似乎是一个奇迹。链家公司在行业做的是直营，贝壳公司是把直营的模式平台化，等于贝壳公司把原来链家公司的方法论输出给其他同行，把过去的竞争对手变成现在的合作伙伴。在这个行业，链家公司非常成功，是中国最大乃至世界最大的直营公司。如果只有链家公司做好，并不能完全改变行业口碑。把链家公司的方法论及背后的价值观能输出给更多的同行，让他们的经纪人像链家公司的经纪人一样工作，就可能会更好地改变行业。

徐万刚总结落地稻盛和夫经营哲学成功的主要方法：一是故事化，二是日记化，三是讨论化，四是考评化，五是榜样化，六是仪式化，七是可视化。贝壳找房成功的经验非常明显，主要体现在：一是对客户好，二是对经纪人好，三是成功的商业模式。徐万刚认为，贝壳三年迅速崛起，绝非仅仅是商业模式的成功，而是贝壳公司的价值观。他每次做决定的时候总会问，作为人，何谓正确？这个决定究竟是为了谁？为了自己？为了部门小利益？还是为了公司？还是能够为更多的行业变化？如果不接触稻盛和夫经营哲学，肯定不会有这样的思考。

四、中国民营企业发展的理论需求

当前，中国民营企业已经发展成为一个巨大的经济体，而民营企业要在经济社会的发展中找准自己的位置，首先是要解决其发展的理论问题。稻盛和夫经营哲学是以经营为基础，涉及经营者与员工、与社会、与国家等方面的关系的经营思想体系，为经营者提供了一整套的思想理论体系，能够满足企业家诸多方面的需要。

（一）适应中国现阶段发展的需要

新发展阶段，中国民营企业在经营过程中正在形成自己的经营哲学，但这需要时间的沉淀与时代的契合。一方面，中国发展的时代要促使中国的稻盛和夫的产生，但目前中国民营企业中的代表人物还难以担当起这个角色的重任。另一方面，中国企业家的成长还需要一个过程，这个过程也许很长，也许就是现在。

（二）民营企业的现状决定了对理论的需求

党中央高度重视并一直在想办法促进中小企业发展。中小企业能办大事，只有中小企业取得发展，才能够真正使我国经济全面发展、科学发展、高质量发展。改革开放以来中小企业在中国经济建设中的地位举足轻重。虽然目前尚未出现一个关于我国中小企业的统一的、全口径的常规统计数据，但分析国家统计局公布的规模以上工业企业的统计数据，可以一窥中小企业对中国经济的重要意义。

天津企业管理培训中心原主任张世平，提出当今中国更需要稻盛和夫的经营哲学。一是中国正在进行的社会主义市场经济的内在要求所决定的，稻盛和夫经营哲学为处理企业利益与员工利益、经营者积极性与员工积极性、企业发展与社会进步等一系列矛盾指出了有效的途径。二是中国的国企、民企在接触市场经济的过程中，难免有一些企业经营者一方面对市场经济的客观规律不熟悉，缺乏实践经验，把竞争视为痛苦，另一方面又受市场经济的物质利益原则所驱动，把复杂的经营行为简单地概括为利润第一，甚至不顾牺牲他人、牺牲道德、牺牲社会公共利益、牺牲人类所共存的环境，而把竞争推向极端。稻盛和夫"利他"的经营思想，可以为中国企业解决上述两种倾向找到正确答案。三是搞社会主义市场经济当然要追求利润，但是有些人有了钱之后就堕落、危害社会，后患无穷。稻盛和夫经营哲学以他对职工、对社会、对世界、对人类所作出的突出贡献告诉了经营者，有了钱怎么做。所以说，稻盛和夫经营哲学更适合于中国的国情，就是因为稻盛和夫经营哲学的许多人生理论、做人与做事的原则都来源于中国古代的哲学。中国与日本同属于亚洲的经济大国，两国的经济具有很强的互补性。这些观点现在看来依然有效。

中小企业经营者遇到了各种困惑，如何解决企业发展问题，要找出路。中小企业家在每一次政策调整变动以及国家经济政策变化时，都会有焦虑的情绪，感到十分紧张，担心国家会对中小企业采取不利于自己生存与发展的措施。正是因为中国几千万个中小企业没有这样一个少走弯路而走正路持续发展的完善体系，才会出现这种需求。而稻盛和夫的经营哲学正契合了这种需求。

一些中小企业在发展过程中遇到了瓶颈，有责任心的企业家，便开始寻求走出困境之路。稻盛和夫经营哲学契合了新发展阶段中国中小企业发展的需要，使更多的中小企业家认识到稻盛和夫经营哲学的价值，使企业在危机中化危为机，在萧条中逆势成长。

（三）各类成功学与西方管理学在民营企业经营中的低效或失效

民营企业家自身也进行各种学习，以便为企业经营找到新的发展平台。中国经济腾飞的浪潮推动着企业向前走，当浪潮减缓后，中小企业存在已久的管理落后问题就暴露出来了。

部分民营企业家是接受过正规教育的高才生，有的还具有国外知名院校的 MBA 硕士学历，他们对西方管理学理论相当了解和熟悉。但他们普遍认为，在目前发展的态势下，西方管理学已无法适应或满足中国民营企业家的需要。西方管理体系是利己主义价值观，讲求利润指标，追求体量规模扩大，追求经营效益，而稻盛和夫经营哲学的根基是利他主义。现代西方管理学的目的是为经营者创造更多价值，而稻盛和夫经营哲学是利他主义，首先考虑为别人创造价值，而不是首先考虑自己的利益。西方管理理论把人看作工具，一切让绩效说话，一切用物质来刺激，让人变得自私，劳资关系紧张，公司与供应商、销售商的关系紧张。

稻盛和夫经营哲学的出发点是修炼企业家的道、修炼心性；而西方管理学是术，使资本快速增长。稻盛和夫（北京）管理顾问有限公司总经理赵君豪一语中的地指出，中小企业经营者遇到了各种困惑，如何解决企业发展问题，找不到较好的出路，各种机构组织培训，现代西方管理学、成功学虽有价值，但终究未能系统地解决上述问题，而稻盛和夫经营哲学满足了这种需求。

（四）稻盛和夫的人格魅力赢得了中国企业家的好感

稻盛和夫对中国历史和中国人民极其尊重。稻盛和夫有着自己的价值理念与价值判断，对中国历史和中国人民的认知有自己的判断。一方面，稻盛和夫尊重历史，主张日本向中国谢罪。因为日本政府对战争问题的不正确态度，使得中日关系紧张，有人提及日本是否应该向中国谢罪的话题，稻盛和夫主张应该谢罪，举座愕然。他们认为，"谢罪将有失国家权威，在国际法上也将蒙受不利"①。稻盛和夫主张，应当将复杂问题简单化，向受害者道歉谢罪，是作为人应该有的基本正义感，道德必须超越于国家权威等利益之上，这个问题的根本在于，"日本侵略了他国，践踏了别国领土，这既是历史事实，就应当道歉谢罪"②。在稻盛和夫看来，中国、韩国不能接受日本的道歉和谢罪，在于这些道歉和谢罪并非出于真诚，而是混合了做生意的心态，令人反感。稻盛和夫认为，即使带来了利益损失，也应当真诚谢罪，"只有这种真挚的、诚实的态度才能被对方接受"③。另一方面，稻盛和夫尊重中国人民对国家道路的选择。稻盛和夫在一次演讲时就提出，旁观中国，贵国一面坚持社会主义体制，一面实行改革开放政策，经济正在高速增长。④ 在稻盛和夫看来，评价一种体制，需要有两种视角。一种视角是需要审视其伦理价值，早期资本主义的倡导者都秉持俭

①　〔日〕稻盛和夫：《活法》，曹岫云译，东方出版社 2019 年版，第 94 页。

②　〔日〕稻盛和夫：《活法》，曹岫云译，东方出版社 2019 年版，第 94 页。

③　〔日〕稻盛和夫：《活法》，曹岫云译，东方出版社 2019 年版，第 95 页。

④　参见〔日〕稻盛和夫：《经营为什么需要哲学》，曹岫云译，中信出版社 2011 年版，第 121 页。

朴生活、崇尚劳动高贵的价值观念，通过经营企业获得利润来推动社会进步。然而，随着资本主义的发展，这种伦理道德观念日趋淡薄，人们虽然获得了经济上的富足，但社会却日渐失去了向善向上的力量。另一种视角需要审视其内在活力，即是否能够实现充分竞争，生产者服从市场需求，按照市场规律来调动和配置人、财、物等资源。从第一方面来看，稻盛和夫认为，"社会主义主张人与人之间平等，主张每个人的基本权利都得到保证，使人们在物质和精神两方面都得到满足"[①]。从第二个方面来看，稻盛和夫认为，"中国的经营者们正遵从市场经济体制从事经济活动，经济的繁荣举世瞩目"[②]。也正是因为稻盛和夫的这些观点认识与具体的行动赢得了中国民众与政府的欢迎与青睐，使人们在接受稻盛和夫经营哲学时打破了国别的制约。

山东盛和塾塾生李金伦认为，稻盛和夫经营哲学中有中国传统文化的基因，里面讲的一些道理与平时所接受的教育是相应的、相通的，在感情上能够认同，

---

① 曹岫云：《稻盛和夫与中国文化》，东方出版社 2021 年版，第 16 页。
② 〔日〕稻盛和夫：《经营为什么需要哲学》，曹岫云译，中信出版社 2011 年版，第 121 页。

在理念上有一脉相承的基因。他的哲学又是很接地气的，他的所有语言是来自企业经营当中的经验所得，是总结出来的语言。大家都有一个很深的体会，稻盛和夫的书读起来很简单，同样一句话，之所以会有不一样的感受，是因为有的人是从理论到理论，而稻盛和夫则是从实践经验总结出来的。简单的一句话，可能是几十年企业经营实践提炼的精华，这种指导作用是巨大的、长久的、持续的。这也是受中国企业家关注的原因。稻盛和夫这半个世纪的企业经营经验，经历了数次危机，无数的坎坷，企业不亏不倒，这种凝聚出来的哲学对当代企业家必然有一定的帮助，而且是可持续的。

第五章

稻盛和夫经营哲学
在中国的前景

稻盛和夫经营哲学在中国已经形成了广泛传播和较大影响，这种影响总的来说是满足了时代要求，满足了企业家要求，获得了社会认可。稻盛和夫是以中国传统文化为底色，将"内圣外王"之道发挥到极致的"心本经营"哲学的集大成者。但稻盛和夫经营哲学的形成和发展有其独特的日本经济、社会和文化背景，带有明显的日本风格、日本理念和日本话语特点。若结合实际，活学活用稻盛和夫经营哲学，对企业经营管理无疑是有益的。但若把稻盛和夫经营哲学当成至上的教条来膜拜，就可能误入歧途。那么未来，稻盛和夫经营哲学在中国会有怎么样的前景？

一、稻盛和夫经营哲学热的表现

稻盛和夫经营哲学在中国受到民营企业家及企业员工的欢迎。就目前情况看，稻盛和夫经营哲学热度依然存在。

（一）从学习形式上看，稻盛和夫经营哲学热的表现主要体现在两个方面

一是稻盛和夫相关书籍的畅销。《活法》《干法》《心：稻盛和夫的一生嘱托》《六项精进》《经营十二条》《斗魂》《心法》《京瓷哲学》等新书刚出版时就居于新书销量冠军，并长期居于同类销量前三。以《活法》为例，在 2005 年首次发布就占据新书销量首位，至今国内销量突破 550 万册。二是盛和塾在中国的快速发展。1983 年，京都一部分青年企业家希望稻盛和夫向他们传授经营知识和经营思想，自发组织了"盛友塾"，后改名为"盛和塾"。盛友塾刚成立时只有25 名会员，到 2019 年，盛和塾已发展到 107 家，除日本外，美国、巴西、中国都有了分塾，塾生总数已超过 15000 人。2019 年，稻盛和夫终止了盛和塾在全球的活动，仅保留了中国盛和塾。截至 2021 年底，中国盛和塾塾生已达到 15592 人，涉及全国除云南、甘肃、青海、澳门特区外的所有省份，在东部发达地区的地级市甚至一些地方的县级市都有了盛和塾分塾。

（二）从认识程度上看，稻盛和夫经营哲学热不但在全国掀起了一场热潮，还成为企业成功的典范

一些民营企业家将稻盛和夫经营哲学视为经营企业的典范与榜样，并在企业内部进行全员推广，一些企业的员工也将稻盛和夫的经营理念作为工作的标准，并进而影响到家庭。但也有一些值得分析与注意的倾向。

第一，存在过度拔高稻盛和夫经营哲学的地位和作用现象。

稻盛和夫经营哲学的重要性是不言而喻的，但个人的成就必须建立在时代的基础上，建立在前人贡献的基础上，任何一种理论都必须在特定的条件下发挥作用，并且在实践中不断验证与发展。科学的研究方法，要求必须在社会历史进程中把握思想产生与传播的基础，界划思想的适用范围。

一是过度夸大稻盛和夫经营哲学的成就。尽管稻盛和夫十分强调人的意志的巨大作用，他对稻盛和夫经营哲学的创立发挥了不可替代的作用，但稻盛和夫经营哲学的诞生与发展，首先得益于时代发展。无论稻盛和夫如何努力，稻盛和夫经营哲学都是工业时代

的产物。在工业时代之前，没有客观社会历史条件，即使在第二次世界大战期间，稻盛和夫经营哲学也不可能诞生，因为日本政府对企业的严格军事管制，不存在使其萌芽发育的社会土壤。同样，稻盛和夫经营哲学在中国所取得的成就，也要归功于中国改革开放之后创造的国内环境。

二是割裂稻盛和夫经营哲学的成就与前人经营思想的关系。稻盛和夫经营哲学的成果并不完全是稻盛和夫一个人所思所悟而得的，而是在吸收前人经营智慧的基础上发展而来的。如前文所述的资金蓄水量理论。稻盛和夫所主张的玻璃般透明经营原则也与松下幸之助的"透明经营"原则有着密切联系。松下幸之助认为，"'民可使由之，不可使知之'，这是封建社会的为政之道。在当今时代，将公司的战略方针、管理思想、业务内容传达给员工却是非常必要的和重要的。……管理者首要做的就是将企业信息尽可能地公开、透明化"①。比如，松下幸之助讲的"如痴如醉地爱

---

① 〔日〕松下幸之助：《事业如人：松下幸之助的用人育人之道》，黄成湘译，人民邮电出版社 2017 年版，第 34—39 页。

上你的工作"①，兴趣与工作完全吻合，这是很少见的，无论工作是不是自己所喜欢的，最重要的是要摒弃敷衍了事的态度，想方设法地热爱自己所做的工作，充满干劲地开展工作。这与稻盛和夫经营哲学的工作观可谓如出一辙。稻盛和夫在接受中国中央电视台采访时说，日本最伟大的经营者就是松下幸之助，也可以佐证他对松下经营思想的继承。稻盛和夫经营哲学还受到日本商业历史形成的经营传统与思想的影响。比如本田宗一郎对技术研发的投入就是这种传统的表现，这在稻盛和夫对技术创新的痴迷中也可以看到。日本企业家"可能不习惯进行跨时代的发明，就像火车、轮船、汽车、录音机都不是他们发明的，但却在他们手里发扬光大，并且以此为契机造就了伟大的公司"②，这在稻盛和夫经营的三家公司中也有明显的体现。此外，佛教、中国传统文化以及西乡隆盛、大久保利通和石田梅岩等人，也对稻盛和夫经营哲学的产生有重要影响，这也是稻盛和夫本人经常提及的。在学习中

---

① 〔日〕松下幸之助：《经营沉思录》，〔日〕猿渡清光、路秀明译，海南出版社 2009 年版，第 227 页。

② 陈伟：《日本商业四百年．2》，北京联合出版公司 2012 年版，第143 页。

不能把所有的成果都归于稻盛和夫一人，把稻盛和夫神化。

三是过度放大稻盛和夫经营哲学的适用范围。在稻盛和夫经营哲学帮助部分中国中小企业取得成就后，出现了一些对其适用范围不加限制的思想倾向，甚至认为其可以"包治百病"。从稻盛和夫的人生经历可以看到稻盛和夫的影响不但在日本企业界，还影响到了世界企业界，不但对日本政界产生了影响，还对世界政坛产生了一定影响。稻盛和夫从1991年2月开始的大约一年半时间里，担任了行革审的"世界中的日本"分会的会长[①]，他发现了日本政界的种种问题，比如官员过度自信和官官相护，官僚主义的中央集权机构丧失了为民谋幸福的初衷，等等。然而，稻盛和夫虽然一再强调他的政治理论，但却未能像经营企业一样，提出相应的实学。缺乏像企业经营的阿米巴经营、创造高收益、活用人才、经营与会计等实学思想，最终使其政治理论只能停留在观念阶段，无法具体操作。稻盛和夫关于世界政治的看法也存在同样的问题。因

---

① 〔日〕稻盛和夫：《稻盛和夫自传》，曹寓刚译，东方出版社2020年版，第145—146页。

此，将其限定在帮助中国企业经营的范围之内，是稻盛和夫经营哲学在中国继续传播的必要前提。

第二，稻盛和夫经营哲学中国化中的盲目性、仪式性。

稻盛和夫作为日本企业界的代表，活跃在中日两国交流的舞台上，受到中国官方的欢迎与认可。但随着年龄的增长，稻盛和夫逐步退出官方活动，他与中国的交流与合作逐渐转向以民间活动为主，特别是与中国企业界、高校间的交流较多。而在这个过程中，一些企业对稻盛和夫经营哲学的学习出现了一些盲目现象，对稻盛和夫经营哲学的传播与学习产生了负面影响。比如，有的培训班上，出现了拜师礼，拜孔子、拜稻盛和夫。曹岫云当即指出，没有必要搞拜师仪式。稻盛和夫本人也反对这种做法。没有必要用"崇拜"这种词和形式。因为一旦崇拜，就难免有迷信和盲目的成分。孔子也好，稻盛和夫也好，其他伟人也好，他们在伟大的同时也是一个平凡的人。稻盛和夫有时会朝令夕改，他至今坚持天天反省。因此切不可神化稻盛和夫，一旦神化就把他同我们隔离了，因为人无法向神学习。认真实践稻盛和夫经营哲学才是对稻盛和夫最大的尊敬，也是稻盛和夫对我们真正的期待。传播稻盛和夫经营哲学不仅在内容上而且在形式上都要符合稻盛和夫经营哲学。但在少数企业，对稻盛和夫及稻盛和夫经营哲学崇拜的现象还是存在。因而，学习稻盛和夫经营哲学的进程实质上是要把稻盛和夫经营哲学中国化的过程，也就是中国企业家学习稻盛和夫的目标是要确立中国自己的经营哲学，这就涉及一个如何使稻盛和夫经营哲学中国化的问题。

日本经营哲学、管理哲学甚至经济哲学就是在这种历史的发展中逐渐形成的。现在看到的日本经营哲学，基本上是明治维新以后、日本完成了现代化转向以后，多个时代逐渐累积形成的。尤其是第二次世界大战以后，日本基本上完成了西方化的过程。在重大和主要的制度设置上，西方的影响非常深刻和明显。日本也曾创造过亚洲甚至世界范围内的经济和发展奇迹。最近30年来，情况有些变化，日本经济发展逐渐处于衰退、低迷时期，有人称之为失去的10年、20年甚至30年。过去的这30年，恰恰是日本经济极盛而衰，在经历危机之后步履维艰的30年。其独特的管理思想和管理艺术，也经历了从趋之若鹜到乏人问津的转变。但如同当初的盲目追捧有过于功利的目的一样，今日将日本管理思想在世界管理发展中的功绩完全抹杀同样并不足取。盛和塾在世界范围内停止活动，除了中国的发展以外，可能与日本经济本身的遭遇有一定的关系。但中国目前正走中国式现代化，中国和日本文化上联系比较多，中国改革开放以后和世界联系增加，所以盛和塾能够在中国获得蓬勃发展，也和中国实际情况有密切的联系。

有些研究者指出，日本式管理是目前公认的西方管理之外具有独立体系的管理模式，形成其独特性的除了日本的经营管理实践之外，更为重要的是在这些实践背后的精神特质，即日本的管理哲学。日本的管理哲学产生于特定的历史文化背景之下，是日本社会发展中对于外来文化不断学习和接纳过程中的产物。在本国文明的基础上，日本吸收来自东西方文化的精神成果并不断进行融合，最终形成日本的国民精神以及"士农工商"各个阶级的思维特质。在现代企业建立之后，这些精神特质通过企业家的经营实践和管理学家的理论研究，逐渐内化为企业的管理思想，形成家国情怀、道德操守和精进心理三个哲学维度，并进而产生个人与集体间的"命运共同体"，企业价值观念中的伦理共同体以及企业行为方式上的践行共同体，构成了日本式管理中的完整管理哲学体系。当这种管理哲学对应日本的企业管理实践时，即催生了具有日本文化特色的组织、决策、人事、生产制度。而在当代日本社会文化背景发生转变的前提下，日本管理哲学也必须适应时代变革的发展，进行自我调整与改变，才能保证日本企业和日本管理模式依然具有竞争力和生命力。①

从管理哲学思想史上看，"日本式管理"的提出恰是对普遍主义管理学说（主要是以西方经济学、工程技术理论为基础）的突破，站在一种比较管理或者更广义上说比较文化层面，它承认日本现代企业里有其自身的特征，从而与美国等其他国家不同，但同样具有值得关注的理论课题，这引导人们思考管理的多元问题，也带来了管理学研究方法和知识论层面的转向。毫无疑问，"日本式管理"学说引入了文化"价值"等无法公度、不可量化的概念。"日本式管理"并非只是

---

① 参见刘韬:《现代日本管理哲学研究》，黑龙江大学博士学位论文2016年。

对日本这一特定经济体的承认，它同时也是对迄今为止的科学管理理论的挑战，代表了管理理论出现了新的哲学转向，即日益承认并公开支持特殊主义原则、地方主义知识（这些知识通常是局部、边缘性的，未曾在西方世界通行）的有效性。

日本式管理的产生时间很难清楚划定，但可以明确的是，它并非在日本现代化之初就出现了，它也不是少数卓越企业家刻意谋划和事先设计的结果。相反，日本式管理是在无数先行者的试错中积累、沉淀下来的，经过了几代人的持续努力才缓慢成型。正是日本的现代化道路和社会文化、国民心理为日本式管理投下了背景基调，日本式管理不仅促成了日本企业的成就、经济的崛起，而且具有社会结构、社会交往、社会整合等方面的特殊作用，它是日本现代化的产物，同时它也深刻影响到日本现代化的实际状态。

日本式管理通过培育企业文化强调了管理职能中的"软"因素，表面上看是重视管理价值，其实质无非是企业的经济合理性，即最终追求企业最大利益。因为要实现经济合理性，如果没有员工的高度忠心是无法实现的。此外，日本式管理主要是惯例而非法律的明文规定，日本式管理中的诸多制度并不直接保障员工的权利，一旦遇到经济危机，一旦出现劳资冲突，首当其冲的仍然是普通员工，而员工因平时缺少专业技能的磨炼，更多的是以"企业一员""多功能化"式多面手的方式存在，使他们一旦失业将变得一无所长，很难再就业。可见，"培养优良员工"、善待优秀员工等从根本上都是服务于企业而非员工的利益。①

当前，对于稻盛和夫经营哲学的学习仍处于自发性状态，虽然早期稻盛和夫经营哲学的引进是官方行为，如天津研讨会与论坛的举办，但是对于稻盛和夫经营哲学的学习并没有达到自觉状态。当然，学习稻盛和夫经营哲学不仅仅是企业家的事情，稻盛和夫经营哲学的学习、实践，与中日民间文化交流有直接的关系，可以考虑与有关中日民间交流组织团体联合，作为扩大影响、积极推进的一个方面。和一些研究机构、大学联系沟通，争取有关内容进入研究者的视野

---

① 李萍：《论日本式管理在中国的传播及管理哲学阐释》，《"日本哲学研究的历史成就与前沿课题"学术研讨会暨中华日本哲学会创立40周年大会》论文集，第70—75页。大会举办时间为2021年10月16—17日，地点为位于北京市东城区的中国社会科学院哲学研究所。

和研究日程，争取进入大学课程设置中，充分吸收其积极意义和成果。

中国企业将逐渐在世界上占据越来越重要的地位。在充分考虑当代中国经济发展的条件下，稻盛和夫经营哲学的学习和践行值得继续推进，包括进一步在规范性要求下，推进盛和塾在中国的发展，推进组织化传播、推进研究等。与此同时，还需要重视稻盛和夫经营哲学本身可能存在的一些需要关注的问题，因为，稻盛和夫经营哲学，对中国企业家来说，毕竟还是"他山之石"。在具体学习借鉴中，要注意与企业的实际情况相结合，不能标"拿来主义"。因此要因时制宜、活学活用并有新改进与创造，以免误解、误导、误用。尤其重要的是，需要着手进行中国经营哲学的建构，结合自己的实际情况，以新时代管理思想尤其是企业经营管理思想为核心，进行中国经济哲学、经营哲学的建构，将稻盛和夫经营哲学作为重要的参考系统进行建构自己经营哲学的工作，这是中国企业家尤其是优秀企业家、哲学家应当具有的志气与素质。

二、学习稻盛和夫经营哲学的路径

稻盛和夫创造了自己的经营哲学，是企业家学习与效仿的偶像和学习的榜样。作为企业家，他不但创造了两个世界 500 强企业，还拯救了日航，成就了企业经营中的不败神话；还形成了自己的经营理念，并将之上升到哲学层面，是企业家中的哲学家。作为哲学家，他依靠自己的哲学理论并运用到企业经营中去，形成自己的经营哲学且获得了别人难以企及的成果，是哲学家中的企业家。

（一）稻盛和夫经营哲学是社会企业发展的"善"的产物

当今世界，是资本主义与社会主义并存的世界，从马克思主义的观点看，资本主义是恶的，"资本来到世间，从头到脚，每个毛孔都滴着血和肮脏的东西"[①]。"如果有 10% 的利润，它就保证到处被使用；有 20%

---

① 《马克思恩格斯文集》第 5 卷，人民出版社 2009 年版，第 871 页。

的利润，它就活跃起来；有 50% 的利润，它就铤而走险；为了 100% 的利润，它就敢践踏一切人间法律；有 300% 的利润，它就敢犯任何罪行，甚至冒绞首的危险。如果动乱和纷争能带来利润，它就会鼓励动乱和纷争。走私和贩卖奴隶就是证明。"①

从资本主义的形成来看，资本主义萌芽诞生于基督教社会，特别是在伦理道德严格的新教社会更进一步促进了资本主义的发展。可以说，初期的资本主义推进者都是虔诚的新教徒。德国著名社会学家马克斯·韦伯认为，他们贯彻基督教所提倡的"邻人爱"，尊崇劳动，生活尽量俭朴，他们的基本信条是将产业活动所得的利润用于社会发展。② 在日本，商业资本主义开始萌芽于江户时代中期，石田梅岩认为"在商业活动中追求利润并不是罪恶，但行商必须正直，决不可欺，决不能有卑劣的行为"，他强调行商中伦理道德的重要性，经商必须做到"人我双赢"。也就是说，在日本资本主义的萌芽时期，"企业应该追求社会正义，企业人应

---

① 《马克思恩格斯文集》第 5 卷，人民出版社 2009 年版，第 871 页。
② 〔日〕稻盛和夫：《经营为什么需要哲学》，曹岫云译，中信出版社 2011 年版，第 8—9 页。

具有高尚的伦理观"这个基本思想是相当普及的。资本主义的初期都往往被理解为一个"为社会做好事的系统"。其推进者力求通过经济活动来实现社会正义，为人类社会的进步与发展作出贡献。正因为有了这种高尚的社会伦理观，资本主义经济才得到了飞速的发展。①

企业不是简单的盈利工具，企业家不是人格化的资本，企业家和员工都是有血有肉的人，所以其文化和精神上的需要，尤其是作为经营阶层的企业家的需要，是企业经营中值得重视的因素。企业的软件往往有非常积极的作用。如何形成一个软件系统，经济哲学、经营哲学、管理哲学都有责任和义务。一些企业家认为，稻盛和夫经营哲学能够弥合市场、资本和社会主义之间的关系。但这个问题是复杂的，不论从理论上还是从实践上都需要做出合理的解释。比如在我国对于市场的认识，我们经历了从重视市场经济到发挥市场经济的基础作用，再到市场在资源配置中起决定性作用，这很明显是经历了一个长期的过程。而对

---

① 〔日〕稻盛和夫：《经营为什么需要哲学》，曹岫云译，中信出版社2011年版，第10页。

于"资本"这个长期被关注的基本概念，目前又有了"共有资本""社会资本"的新概念，资本在社会主义国家如何使其逐利本性与社会主义共享特征完美结合，是需要进一步思考的问题。

同时，稻盛和夫经营哲学为何在一定程度上能够解决社会主义国家所面临的问题，也是我们需要思考的。稻盛和夫经营哲学是在资本主义、现代化背景下形成的，这是毫无疑问的。但是，在中国，如何处理传统文化与当代发展、现代化的关系，如何能够做好市场经济、资本经济和传统文化的创造和创新发展，这些均需要我们做很多工作并深入研究。稻盛和夫经营哲学可能为我们提供了一些借鉴，但是也不能盲目夸大。

（二）避免学习稻盛和夫经营哲学的曲解路径

总体来看，学习稻盛和夫经营哲学的曲解路径主要有"理念派"和"技术派"两种，这对我国企业经营者的经营思维和经营活动造成不良影响，必须引起警惕。

第一，"理念派"片面认为只要学好经营哲学，企业经营的其他问题就能迎刃而解，企业经营中所遇到的问题在稻盛和夫经营哲学中都能找到答案。这夸大了稻盛和夫经营哲学的作用，忽视了经营实学的学习和应用。有的企业一味要求员工定期写读书笔记、谈心得体会。其危害是：一是教会了员工务虚，练就了讲大话、套话的"本领"。二是逐步形成了"虔诚和膜拜"的文化氛围，使员工不能也不愿表达不同意见，渐渐形成"一团和气"（一言堂）的企业文化。三是企业家"抱团取暖"中获得了安全感，放松对周围环境急剧变化的警惕，丧失了探索和追求的动力。

第二，"技术派"认为将阿米巴经营方式奉为企业经营的"秘籍和宝典"，易把阿米巴经营异化为"阿米巴核算"。其危害是：一是加剧企业领导急功近利的心态。"技术派"为了把"稻盛和夫热"变现，极力向企业贩卖"焦虑情绪"，忽悠企业领导机械导入阿米巴模式。现在市场上流行的阿米巴崇拜就非常明显，一些企业培训机构及企业培训教程刻意扩大阿米巴的效能，诱使一些企业机械引入阿米巴模式，不但没有给企业带来好的转变，反而使企业陷入了发展的泥潭，使企业经营者苦不堪言。二是勾起企业中层分享收益的欲望。强调企业要和管理者、员工（按比例）分享收益。其实，稻盛和夫也不赞成这样做。企业经营过程中的收益的分配并不是完全机械按比例运行的，而是要根据企业经营的状况，在保证企业能够有序发展的前提下，再合理分配企业利润，并照顾到企业员工的利益。那种片面强调员工至上的行为实质上是曲解了稻盛和夫经营哲学关于员工的重要性的论述。虽然无论怎样强调员工的重要性都不为过，但前提是要把企业经营好，并保证员工服务好企业的客户。三是养成团队在管理行为中的短视。"技术派"并不会教导团队"节流降本重要，开源增效更重要"的道理。在结果考核和奖金激励的导向下，人们变得越来越短视，缺乏战略眼光。

从目前的发展看，稻盛和夫经营哲学在一些城市已成为当地企业家学习的主要对象，盛和塾也成为企业家学习、交流、互助的重要平台。而以稻盛和夫经营哲学和盛和塾为纽带所联结起来的企业家的数量、质量与资金量仍呈上升趋势，其所带动的影响面与影响力仍在不断扩大。

（三）盛和塾是中国企业家学习稻盛和夫经营哲学的自组织平台

稻盛和夫经营哲学，特别是盛和塾的成立受到了我国社会各界的广泛关注。从政界看，自20世纪80年代中期，稻盛和夫首先进入中国的官方视野，并与中国高层开展了多次活动与交流，中国领导人及社会团体负责人多次邀请稻盛和夫来华访问，并在高校、党校等进行演讲报告。之后，稻盛和夫经营哲学及其盛和塾开始在社会中广泛传播，一度成为高校及学者研究的主要对象，许多高校教授及其团队的硕士生、博士生还将稻盛和夫作为一种现象进行研究。东北师范大学曾成立研究中心。2021年，浙江工商大学开始筹备成立稻盛和夫商道研究中心。

盛和塾逐渐成为中国企业家较大的自组织学习平台。企业是我国经济发展的重要力量，企业家是企业发展的领导者与带头人。在企业家中，无论是国有企业的管理者，还是民营企业的创业者，都注重理论知识的学习。而在我国有组织有规模的企业家学习平台主要有高校、企业家学会及私人组织平台。许多企业家都曾参加一些高校的企业经营、企业文化类的高端学习班。在与盛和塾的一些塾生的交流中，一些企业家塾生表示，自己在高校举办的企业家培训班中有所收获，初听起来信心满满，意气风发，但是在实际运用中却出现了失灵的现象。也有一些依托于企业家协会或官方平台，开办的官方或非官方的企业家培训班，这些班次的特点是政策性强、学员多、规模大，是一个大的舞台，在这样的培训班上，企业家们多是听一些与企业相关的政策内容。可以说，这些企业家学习平台有一定的存在价值，但往往是平台主动找寻企业家，因而收效甚微。

盛和塾成为中国民营企业家热心参与的学习组织。盛和塾作为企业家自主学习、自愿参加的学习平台，在中国的发展已有 10 年之久，其塾生截至 2021 年底已有 15592 人。盛和塾之所以成为一个有效的学习平台，有两个要点是需要注意的。一是其所传播的稻盛和夫经营哲学是一个逻辑严密的体系。其构成是人生哲学、经营哲学和经营实学。关键是稻盛和夫经营哲学确实管用。这是因为在稻盛和夫经营哲学中的名言或是经营体会，都会引起塾生的共鸣。山东盛和塾塾生李金伦说，初读稻盛和夫相关书籍时，感到每一句都非常好，但也仅是觉得好而已。但是在经营企业的过程中，才突然明白他说的某一句话是多么深的感悟。他在读到"销售最大化、经费最小化"的概念时，因自己的企业正处于经营的上升期，他对这句话的感触与初读时是完全不同的，他那时才理解到稻盛和夫的不容易。二是稻盛和夫经营哲学的学习是在有组织的条件下进行的。盛和塾是中国企业家的学习平台，对塾生的加入，分塾的形成和运作，最大程度做好稻盛和夫经营哲学的传播、学习和实践都有重要的意义和价值。盛和塾本身相对独立运行，强调合法合规，同时通过一些制度设计，让这种平台的非营利性得到保证，避免其他国家盛和塾运行中出现问题而停止活动。

盛和塾所传播的稻盛和夫经营哲学的利他思想、敬天爱人、追求员工物质与精神双幸福的思想理念，已被越来越多的企业家所认同。盛和塾倡导企业追求全体员工物质和精神两方面的幸福。全体员工及其家庭幸福了，就向全体人民共同幸福接近了一步，同时全体员工齐心协力，努力创建高收益企业，就能给国家多缴税，而税金是国家经济运行和其他活动的经济基础。

在共同富裕的时代要求下，企业家如何发展？稻盛和夫为企业发展提供了一个模型。第一，他认为共同富裕有几个方面的特点。首先，共同富裕是均衡发展的富裕。所谓均衡发展，就是既能保证效率，又能保证公平。均衡点就是效率最大化，公平最大化。其次，共同富裕是总体发展的富裕。不能以财富下降为代价，而要以财富总体提升为前提。只有财富总体大幅度上升了才能实现共同富裕，否则就根本实现不了共同富裕。再次，共同富裕是广大群众自主创富的富裕。实现共同富裕不是平均主义，不是财富的简单转移、养懒汉式的平均，而是要创造更好的创富环境，激发社会的活力，让底层的创业者有更多的机会。最后，共同富裕是建立在唯物史观的基础上的，不能超越现在的发展阶段，如果大家都"躺平""内卷"了，就看不到活力看不到希望。第二，共同富裕是以公平道德为前提，更要关注利益效果，才能取得更高效率，更好的发展。稻盛和夫企业不仅规模高速增长，利润率不低于10%，更关注利益和效率。以经济建设为中心，以经营为中心，需要精神成果来验证。稻盛和夫提出要提高心性、拓展经营。更关注员工的利益，更关注效果。

三、正确对待稻盛和夫经营哲学

稻盛和夫经营哲学适应了新发展阶段中国民营企业发展的需要，那么，是否可以将稻盛和夫经营哲学直接嫁接套用呢？答案是否定的，中国的民营企业及民营企业家必须树立正确对待稻盛和夫经营哲学的态度。

第一，立足企业实际学习稻盛和夫经营哲学。"一灯照隅，万灯照国"。如果我国一个行业有一个民营企业取得稻盛和夫这样的成就，就能改变我国民营企业的生态，就有利于民营企业由利己走向利他。改革开放 40 多年来，我国民营企业的经营理念、经营制度及经营效益等有了巨大的发展，民营企业道德经营理念也在逐步成熟，诸如企业的人本化管理、产品的人性化设计、销售的人性化服务等，已经成为当今我国民营企业文化乃至民营企业竞争力的核心要素。但总体看，我国民营企业仍存在诸多问题，需要从哲学层面对民营企业的理念、思想进行改革深化。

就稻盛和夫经营哲学来说，至少有以下几点值得我国民营企业家借鉴。一是民营企业要有自己的哲学思维。民营企业要做到基业长青，就要在尊重企业发展客观规律的同时，把企业哲学作为企业发展及提升竞争力的核心要素。二是民营企业要"利他"，树立正确的企业价值理念，积极履行社会责任。企业的最终目标是为社会服务，为人民群众服务；企业家要有做社会财富保管员的高尚情怀。三是民营企业要建立科学的企业管理体制，将企业的哲学思维渗透到企业产品设计、生产、销售、服务等各个环节中去。四是民营企业要以人为本，为实现企业员工及其家庭的幸福生活而努力。重视员工，建立有效的激励机制，将追求员工的物质和精神两方面的幸福放在首位，才能调动员工为企业服务的激情，才能创造出更优秀的业绩。五是民营企业家要有"器量"，加强自身修炼，不断精进。以人格魅力影响和支持企业道德经营。六是民营企业家要做好危机应对。要在开发新产品、削减成本、保持高生产率、构建良好人际关系、萧条时期全体员工都应成为推销员等方面提前做准备。

　　第二，把稻盛和夫作为一座桥梁。为什么要学习稻盛和夫经营哲学呢？说到底是中国民营企业家缺少自己的经营理论，没有形成自己的卓有成效的经营哲学。中国的民营企业家不乏红极一时威风八面的时候，一时成为人们追捧学习的对象，但最终却昙花一现。

稻盛和夫经营哲学的出现给中国企业家提供了一个学习有的放矢的"的"，让众多的企业家都在思考，并努力地形成自己经营企业的哲学理论。从这个层面上看，与其说是学习稻盛和夫经营哲学，不如说是中国企业家迫切需要探索创造自己的经营哲学理论。

第三，打造中国自己的"稻盛和夫"。从现实的角度看，世界正处于百年未有之大变局，中国面临的国际形势更加复杂多变，企业的经营环境也在不断变化，企业家的心态与状态也是各种各样的。有的企业家更加坚定了做好企业的信心，立志要做中国的稻盛和夫，做新发展阶段的弄潮儿；有的企业家选择了保守策略，认为在当前形势下，自保才是最重要的方式和手段，不断收缩企业规模，不再轻易投资；还有的企业家对前景失去了信心，选择了退缩，甚至退出商业活动。

我们发现，中国历史上并不缺少成功的企业家，到最后有的只是历史上的一个符号，给人们留下的仅仅是一个名字或是一句商业名言，而不是完整的、严密的经营理论体系。这是中国企业经营难以持久的原因，中国的某些百年老店也无法持久，甚至是中道夭折。须知，我们今天的企业经营，有的是在西方理论的指导下进行的，德鲁克的管理思想一度成为企业管理的"圣经"，学术思想上也一度成为西方理论的盛宴。许多企业家对于以西方企业经营理论为主要内容的各类培训趋之若鹜，想方设法参与其中，以图谋求各类发展资源。可以说，西方企业管理理论与思想理念在改革开放的一段时间内是非常管用的，也得到了众多企业家的青睐，因为这整套理论的运用是在其原有的框架内进行的，是符合当时的社会大背景与经济发展环境的。推动了改革开放以来40多年的发展，在一定程度上也影响了中国企业家的理念与行为。

新时代新发展阶段，西方式现代化管理理论在解决世界变局的问题面前，已出现了无力或者是失效的现象，这说明，世界变局大背景下特别需要理念的变动，理论要与时代的需求相适应。新时代需要与之相适应的理论。特别是西方一些企业理论实践证明，在中国企业经营中失效，无法指导企业与企业家应对寒冬，使得企业家急切地寻求新的企业经营理念。习近平总书记在庆祝中国共产党成立 100 周年大会上的讲话中指出，"创造了中国式现代化新道路，创造了人类文明新形态"。而这种新道路与新形态体现在企业经营上，就必须有自己的企业经营理念，而不能拿来主义、东施效颦。

在这种情况下，中国如何培养自己的稻盛和夫，是有两种路径的，一是自上而下的，一是自下而上的。从理论的形成逻辑与政策的推行方式看，自上而下的逻辑不可取，自下而上的路径是可行的。我们已清醒地看到，一个企业家的成长不是一件易事，要走一段非常艰辛的路。在这个过程中，获得成功并形成自己理论的企业是较少的。一个企业家成长为典型，必是在历经艰辛后在获得成功的过程中形成了一整套自己的理论体系。

盛和塾把民营企业家聚集在一个松散的组织之中，这种组织下的民营企业家之间可以交流思想、分享经验、共享资源。

盛和塾在中国发展要实现安全发展，这不但是盛和塾所要考虑的问题，也是政府所要面临的问题。盛和塾的管理者们针对这些问题，早在 2017 年就进行了前瞻性的思考，他们更希望能够发挥好盛和塾作为中国企业家学习平台的作用，为中国企业家的成长与发展贡献应有的力量。理论在一个国家满足需要的程度取决于理论的高度与尝试，中国社会科学院哲学研究所的研究人员发现，要构建中国自己的经营理论，需要找到一个突破口，需要在理论上给中国的企业家们以回答，给企业家以信心，通过多种方式关注稻盛和夫经营哲学及盛和塾在我国的发展情况。

围绕创建中国经营哲学的话题，曹岫云认为，我国改革开放时间还不长，我们这样一个历史悠久的大国现在还没有自己的经营哲学。如果中国的企业家中出了哲学家，能够创建自己的经营哲学，当然是最好的。不过，谈到哲学，它应该是超越国界的。但是，即使某个企业家，在获得巨大成功的同时，创建了自己卓越的经营哲学，也不等于他的企业从此就一劳永逸，确保基业长青了。

企业可以划分成文化企业和文明企业两种。所谓文化企业，在日本的百年企业中比较常见。比如，我们拜访过鹿儿岛一家有 150 年历史的烧酒厂，它用当地独特的萨摩红薯做原料，还有当地的地下水、气候乃至当地发酵的自然菌种。这类具备地方特色又有历史文化传统的企业，可以称为文化企业。这种企业不可能有京瓷公司那样的规模，却容易一代一代地传承下去。

像京瓷这样的高科技公司叫文明企业，一旦有优质的新产品问世，比如当年的半导体集成电路封装，立即就风靡全球。但高科技企业竞争环境异常激烈，科技要始终保持世界领先，非常困难。特别在传承过程中，如果企业哲学淡化，特别是失去了开拓精神和挑战精神，或者当时的领导人蜕化变质了，那么，即使是京瓷，它的命运也会走到尽头。稻盛和夫说，如果出现这样的情况，那也是没办法的事。企业是有寿命的。

但是，曹岫云认为，稻盛和夫经营哲学不会过时。他衷心希望，在中国，尽早出现中国的稻盛和夫，甚至超越稻盛和夫的人物，出现超越稻盛和夫经营哲学，超越国界、超越时代的卓越的经营哲学。这也是稻盛和夫本人的期盼。稻盛和夫经常说，我是一个极为普通的男人，连我这样的人，也能做出这样的事业，你们应该比我做得更好。

以赵君豪总经理为代表的盛和塾管理团队认为，目前工作的重点就是要围绕两个方面开展。

第一，做好规范运营不出问题。从 2017 年起，盛和塾总部就从制度建设、规范建设及盛和塾的定位上入手，实现了从不规范到规范，从无体系到有体系，并出台"动机至善，私心了无；共同参与，公开透明"十六字方针。2018 年，成立了盛和塾的执委会，以公开选举的形式，选出了 13 位一级塾理事长，组成执委会共同决策，保证在所有的重大决策上不出问题，避免由一个人作决策出现偏失的问题。在执委会下成立了 6 个委员会，负责发展建设、学习践行、交流、员工幸福、财务管理、规范运营委员会。2019 年到 2021 年，明确要求各地建立监事会。在规范运营委员会与财务管理委员会指导监督下开展监事工作。要求各级盛和塾必须公开透明规范运行。

第二，获得党和政府的指导和支持。赵君豪认为，盛和塾要在中国有未来，一个重要的依托就是要有党和政府的指导和支持。只有在党和政府的关心指导支持下开展盛和塾的工作，才能得到社会的最大认可，才能获取合法性的保障。而盛和塾工作开展好了，不但有利于中国的企业家们，更有利于党和政府工作的开展，有利于团结广大企业家。

一方面，稻盛和夫经营哲学属于企业管理的范畴，也属于经济学的范畴，更是经济哲学的范畴。稻盛和夫经营哲学中所提倡的一些具体内容，如物质与精神都富裕、为了员工的福利、为社会作出贡献、利他等理念，与当前党和国家所提倡的共同富裕、命运共同体、以人民为中心等价值内涵具有内在的统一性。积极寻求其他社会组织的支持，比如研究机构和大学研究人员的介入和支持，让稻盛和夫经营哲学思想的研究、发展、拓展不断深入，传播、践行不断推广，和中国实际情况不断结合，争取本土化、地方化深入，让其保持更加旺盛的生命力。目前成立稻盛商道研究院、稻盛公益基金会，开设哲学、实学课程，这些活动都在紧锣密鼓地进行中。

另一方面，盛和塾的塾生企业要努力做好企业，解决更多复杂的社会问题，成为维护社会和谐的榜样典范。盛和塾塾生绝大多数是民营企业家，民营企业在我国经济发展中的贡献率越来越大，发挥的作用也越来越大。他们多数以促进员工物质和精神都富裕为目标，这在某种程度上与党和国家所提出的共同富裕目标是一致的。他们以企业为家，把员工当成自己的家人，始终把员工的物质和精神幸福当成企业的目标，这是与社会主义现代化目标的要求相符合的。

第六章

构建中国企业的
经营哲学

任何一种经营管理理念最终都是要服务于需求。学习稻盛和夫经营哲学，关键是要落地，也就是建立中国企业自己的经营哲学，这需要在坚持习近平经济思想的指导下，吸收国外优秀的先进的经营管理理论，打造出中国专属的经济哲学理论体系，为中国特色社会主义现代化建设服务。稻盛和夫在 2011 年稻盛和夫经营哲学广州报告会上说，中国企业今后也会不断地向全球化进军，在世界各地开展经营活动的时候，需要拥有全球通用的商业经营哲学；与此同时，要确立以这种哲学为支柱的清晰的管理体制，并在实践中正确地加以应用。

一、中国经营活动中的哲学脉络

企业经营活动在中国古已有之，并在经营活动中形成了深邃的哲学道理。春秋战国时代，墨子就提出"兼相爱，交相利"，将"义"和"利"在一定条件下统一起来。"利人者，人必从而利之"，认为交利必须做到人己两利。利人也就是利己，损人就是损己。商鞅、韩非等人也认为好利是人的本性。商鞅从自利观点出发，指出"民之生，度而取长，称而取重，权而索利"，人们每一个行为都要求得到最大限度的经济效果。孟子提出："王！何必曰利？亦有仁义而已矣。"想通过强调伦理规范以抑制当时只注意追逐利益、争夺霸权的社会国家倾向。西汉时期，地主阶级政权巩固之后，义利论又被进一步宣扬，董仲舒倡议的"正其谊（义）不谋其利，明其道不计其功"也正是此意。在自利问题上，杨朱还提出了"贵己论"或者"为我论"，"拔一毛而利天下，不为也"。司马迁在《史记·货殖列传》中提出："故曰：仓廪实而知礼节，衣食足而知荣辱。礼生于有而废于无。故君子富，好行其德；小人富，以适其力。渊深而鱼生之，山深而兽往之，人富而仁义附焉。""贤人深谋于廊庙，论议朝廷，守信死节隐居岩穴之士设为名高者安归乎？归于富厚也。"这些观点都认为自利、富裕是将自利和人性联系在一起的。

在中国传统社会，商人这一群体成为经济活动的主体，涌现出许多具有家国情怀的商人典范，他们敢为人先、勇于冒险、目光远大、善于学习和创造，是经济社会发展的主要参与者和推动力量，在他们身上流淌的先义后利、诚实守信、经世济民等中华商道基因，在漫长的商业活动中逐渐培育出中国商人"秘而不宣"的经营思想，主要有"知地取胜，择地生财；时贱而买，时贵而卖；见端知未，预测生财；薄利多销，无敢居贵；雕红刻翠，留连顾客；以义为利，趋义避财；长袖善舞，多钱善贾；奇计胜兵，奇谋生财；居安思危，处盈虑方；择人任势，用人以诚"等传统经营思想，与当下所呼吁的"爱国敬业、守法经营、创业创新、回报社会"的企业家精神一脉相承。

鸦片战争以来，中国的商业活动在封建制度下缓慢而艰难地运行。这一时期西方列强的侵略对中国产生了很大影响，给统治阶层带来了极大的震动，留学归来的开明之士面对内部社会的动荡，企图通过开办洋务学习西方以实现自强。洋务派的经营思想旨要在于把西方资本主义的科学技术、机器设备等引进国内，而不吸取社会化大生产的经营原则，完全限于传统的官办手工业的经营思想范围内。随着民用企业的兴起，洋务派的经营思想由主张官办转向官督商办、官商合办等。以张之洞为代表的洋务派宣扬"利权分离论"，认为"利""权"两个东西可以分开，"商民"即资产阶级求利是可以允许的，但权却必须绝对掌握在"官"即封建统治者的手中，而不允许有任何的"民权"。官督商办模式就是要在企业的经营管理上坚持官权，而不允许有所谓商权的存在。其特点一是竭力粉饰官督商办制度，大力论证与宣扬这种制度所谓的"优点"，商办"事可速举，资必易集"；二是提出了在官督商办企业中实行官商分权的论点。

甲午战争后，资产阶级在维新变法运动中提出在经济方面要进行"振兴农工商各业，奖励发明创造，发展资本主义经济；建立和发展大资本企业"的改革政策。20世纪初期，私营企业和官员在经济活动和政治领域中扮演的角色相互重叠、交织，多边网络加强了不同阶层间的社会关系。民族资产阶级希望能建立和发展自己的大资本家企业，集中更大的资本力量以抵制来自世界垄断资本势力的威胁。毛泽东曾表示有四个人不能忘记："讲到重工业，不能忘记张之洞；讲到轻工业，不能忘记张謇；讲到化学工业，不能忘记范旭东；讲到交通运输业，不能忘记卢作孚"。张謇不仅是实业救国的民族工业家，将实业财富转化为对国家的投入与贡献，提出"资本互助"的合作思想，同时也是立宪之父，兴办教育和社会公益事业的有志之士。2020 年 11 月 12 日，习近平总书记在江苏南通博物苑参观考察时明确指出"民营企业家富起来以后，要见贤思齐，增强家国情怀、担当社会责任，发挥先富帮后富的作用，积极参与和兴办社会公益事业。要勇于创新、奋力拼搏、力争一流，为构建新发展格局、推动高质量发展作出更大贡献"，称赞张謇为"民营企业家的先贤和楷模"。可以说，张謇的目标从来都不是建立一个商业帝国，而是建设一个理想社会。从清末民初的张謇到抗战时期的卢作孚、陈嘉庚，再到新中国成立后的荣毅仁、王光英等，都是爱国企业家的典范。

改革开放以来，中国企业家更是迎来新的机遇与空间，也意味着应当承担起更广泛的社会责任。"苟利国家生死以，岂因祸福避趋之。"企业营销无国界，但企业家有祖国，家国情怀是从古至今我国优秀企业家的光荣传统和珍贵品格。因此企业家必须对国家、对民族怀有崇高使命感和强烈责任感，企业发展必须同国家繁荣、民族兴盛、人民幸福紧密结合在一起，这才是新时代中国需要的企业家精神的精髓。

目前，国内研习和践行稻盛和夫经营哲学的企业，大都将印制自己的企业哲学手册作为学习的标配，以此来更好地践行稻盛和夫经营哲学。

青岛大学葛树荣教授长期从事企业经营哲学尤其是稻盛和夫经营哲学的研究，他认为企业哲学是一个文化系统，这个系统分为不同的层面。第一个层面是根文化，就是敬天理、致良知；修己、感恩、利人；第二个层面是企业哲学，包括人生哲学、职业哲学和经营哲学。在这两个根基层面基础上，形成的是企业的主文化，包括企业使命之大义名分，就是利他；企业的愿景即事业的理想；企业价值观即"作为人，何谓正确"，即正确的为人之道；企业精神即企业做事情的精气神。主文化层下是子文化层面，就是企业经营理念的层面。

从子文化层面去分析稻盛和夫经营哲学，主要体现在京瓷哲学 78 条。这 78 条本身也是比较清楚明确的。

第一部分，如何度过美好人生，共 50 条。将经营和人生紧密联系，让人生为经营充实，在具体的经营中完美人生。分为六个部分：提高心性、精益求精、做出正确的判断、达成新目标、战胜困难、思考人生。一是提高心性，共 7 条。以爱意、真诚以及和谐的心性为本；以纯洁的心灵来描绘愿望；拥有纯朴的心性；必须经常保持谦虚的姿态；深怀感谢之心；始终保持明朗之心；等等。二是精益求精，共 17 条。为伙伴尽力；构筑信赖关系；贯彻完美主义；认认真真努力埋头工作；脚踏实地，坚持不懈；自我燃烧；热爱工作；感悟事物的本质；成为漩涡的中心（自我为中心）；率先垂范；迫使自己处于紧张状态；在赛台的正中交锋；直言相谏；毫无私心地进行判断（完全理性化）；具有完备的人性；与书本知识相比更注重亲身实践；不断从事创造性的工作。三是做出正确判断，共 5 条。以利他之心为判断基准；大胆与细心兼具；以"有意注意"磨炼判断力；坚持公平竞争的精神；要注重公私之别。四是达成新目标，共 7 条。抱有渗透到潜意识之中的强烈而持续的愿望；追求人性的无限可能性；拥有挑战精神；成为开拓者；认为不行了的时候才是工作的开始；贯彻信念；乐观地构思，悲观地制定计划，乐观地实行。五是战胜困难，共 6 条。具有真正的勇气；燃起斗志；自己的路，由自己来开创；做事要有言必行；深思熟虑到能看得见结果为止；不成功不罢休。六是思考人生，共 8 条。人生·工作的结果 = 思维方式 × 热情 × 能力；认认真真地度过每一天；心想事成；描绘梦想；动机至善，私心莫有；小善似大恶；度过反省自己的人生；以纯真的心，行走人生之路，人人都是经营者。

第二部分，是经营要诀，共 12 条。涉及什么是经营、经营的关键和核心、经营诸多要素的处理原则。具体就是以心为本的经营；光明正大地追求利润；依照原理，遵循原则；坚持贯彻顾客至上主义；以大家族主义从事经营；贯彻执行实力主义；重视合作伙伴关系；全体员工共同参与经营；统一方向，形成合力；重视独创性；玻璃般透明的经营；志存高远。这些都是基本的经营要素理念。

第三部分，在京瓷人人都是经营者，共 6 条。具体就是定价即经营；销售最大化、费用最小化（量入为出）；每天都进行核算；贯彻健全资产原则；能力要用将来进行时；目标要众所周知，彻底贯彻。

第四部分，关于开展日常生活，共 10 条。提高核算意识；以节约为本；必要之时购买必要之物（有必要才买）；贯彻现场主义；注重经验；制造精美的产品；倾听产品的召唤；坚持贯彻一对一的原则；坚持双重监督的原则；简易地看待事物。

稻盛和夫经营哲学是稻盛和夫在经营企业之中自己不断总结的经验。要在中国企业家的经营活动中充分应用，我国企业家要在稻盛和夫经营哲学的基础上加上自身的提炼和概括，哲学从形式上就算形成了。但也要考虑到具体企业的不同文化的特点。这就实现了葛树荣教授所讲的原浆与合金的结合，从而哲学的勾兑也就完成了。①

稻盛和夫在环境比较合适的情况下，形成了自己的经营哲学。中国现在面临的发展机会应该比日本当年要好很多。在这种情况下，通过学习稻盛和夫经营

---

① 参见葛树荣：《由浅近而高远——稻盛管理学践行路径》，《商业评论》2017 年 3 月。

哲学，让稻盛和夫经营哲学和中国实际情况结合起来，形成中国自己的企业经营哲学，形成以我们很多企业家名字命名的经营哲学。这个时代需要这样的哲学，这个时代也一定能够形成这样的哲学。

二、中国需要什么样的企业家

2020 年 7 月 21 日，习近平总书记在企业家座谈会上的讲话中指出："新冠肺炎疫情对我国经济和世界经济产生巨大冲击，我国很多市场主体面临前所未有的压力。市场主体是经济的力量载体，保市场主体就是保社会生产力。""企业既有经济责任、法律责任，也有社会责任、道德责任。""只有真诚回报社会、切实履行社会责任的企业家，才能真正得到社会认可，才是符合时代要求的企业家。""关爱员工是企业家履行社会责任的一个重要方面，要努力稳定就业岗位，关心员工健康，同员工携手渡过难关。"构建中国的企业经营哲学，首先要了解中国的国情，中国将立足新发展阶段，贯彻新发展理念，积极构建新发展格局，努力实现高质量发展，企业是市场经济活动的主要参与者，是国民经济的细胞，企业家是经济活动的重要主体，企业经营状况与企业家有密切关系，那么，中国究竟需要什么样的企业家呢？

我国已踏上实现第二个百年奋斗目标的新征程，展望2035，中国将基本实现社会主义现代化，到本世纪中叶，也就是新中国成立100年时，我们将建成富强民主文明和谐美丽的社会主义现代化强国。在这样的历史节点，我们的企业和企业家理应自觉地对标中华民族崛起的伟大事业，在党的领导下，运用专业化的能力，发挥开拓创新的精神，成为壮大综合国力、促进经济社会发展、保障和改善民生的重要力量。

我国正日益走近世界舞台的中央，中华民族伟大复兴的梦想正在逐步实现。中国的经济总量不断增加，综合国力与国际影响力也不断增加。中国在百年未有之大变局中扮演着越来越重要的角色，发挥着越来越重要的作用，中国在国际上的地位也越来越重要。

在这种大背景下，中国的企业家开始走出国门，更多地走向国外，在国外开展自己的事业，经营自己的企业。而在这个过程中，中国企业的先进技术、经营理念与各种管理方法也不断地传向国外。如果说一个国家的综合国力与企业的经营理念是相关的，那么中国在这个阶段也应该有自己的一整套完整的企业经营理念，也要有中国自己的"稻盛和夫"。

通过对稻盛和夫本人及稻盛和夫经营哲学的了解，我们知道，稻盛和夫经营哲学是在第二次世界大战后的大发展时期形成的，稻盛和夫不但吸收了来自欧美的先进的企业经营管理理念，吸收了本国企业经营中的先进经验，他更注重将这些先进的企业经营经验与做法同日本本土的经验实际及自身的企业实践结合起来，并形成了自身独特的经营哲学。

这种理论体系的构建，体现在经济活动中，体现在企业经营中，就是要有与中国的大国地位相匹配、可以被世界所公认的企业经营哲学。也就是说，日本在那个时代能够产生稻盛和夫这样的"经营之圣"，中国在自己的时代也一定能够有自己的"稻盛和夫"。

中国的现代化强国目标建设需要什么样的企业家呢？

第一，要兼顾"经济人"和"社会人"双重角色，在创新实践和社会责任中求得平衡。评价新时代企业和企业家的首要标准是创新实践和创新精神，因为创新是发展的第一动力。"创造性破坏"是企业家在探索初期安身立命的最基本素质，按照"经济人"假设的要求，他需要考虑成本最小化和效益最大化，改变传统的生产方式，改善管理机制，敢于承担风险，进而打破既有的市场平衡，促进企业的长足发展。一个企业家同时也扮演着"社会人"的角色，会在社会责任感的感染下，将公益慈善事业纳入企业发展的目标和生产函数中，这意味着企业目标不再完全拘泥于成本和效益。于是社会责任感就成为企业做强做精做大的基本保障，以此为职业信念、办事准则和员工守则，从而形成新型企业文化自信和商界规则。这意味着，凡是以不当手法赚取不义之财的行径，就会受到业界的共同抵制，为人民所不齿，因此企业家要引以为戒。

企业家要做创新发展的探索者、组织者、引领者，勇于推动生产组织创新、技术创新、市场创新，重视技术研发和人力资本投入，有效调动员工创造力，弘扬劳模精神和工匠精神，努力把企业打造成为强大的创新主体，在全球科技革命和产业变革中赢得主动权，才能兼顾股东、员工、供应商、消费者、社区、社会等多元目标，准确把握更多创新发展机遇。与此同时，企业家还要承担经济责任、法律责任、道德责任和社会责任。提升扶贫济困的传统美德和慈善公益的社会公德，培养公民、社会团体及企业的社会责任感、使命感，强化第三次分配中道德文化因素的社会自觉，主动融入中国特色光彩事业和公益慈善事业，助力分配正义和共同富裕。只有在广阔的社会舞台上履行义务和责任，真诚回报社会，解决民之所困，才能够符合时代要求，真正得到人民的认可和肯定。

第二，要发掘和继承中华优秀传统企业文化精髓，在历史经验和中外对话中实现转化和发展。现代企业的价值立场和评价标准来源于中华优秀传统文化，先行者们积累和创造的以家国情怀为核心的珍贵品格，也应成为行业坚持遵循的价值观念和道德规范，是最该被珍视的优秀企业家精神。例如，爱国情怀。"苟利国家生死以，岂因祸福避趋之"，企业经营没有国界，但是企业家有祖国。企业发展和国家繁荣、民族兴旺、人民福祉始终紧密相连，因此要致富思源、义利兼顾，积极履行社会责任。又如，诚实守信。"海岳尚可倾，吐诺终不移"，诚信守法是企业安身立命之本，也是任何企业家都必须遵守的原则。法治意识、契约精神、守约观念历来是经济活动的重要意识规范，也是信用经济、法治经济的重要要求。社会变迁引发的道德转型使得经营活动出现了一些不讲诚信甚至违规违法的现象，当代企业家必须依法经营、依法治企、依法维权，守住最基本的道德底线。所谓"落其实者思其树，饮其流者怀其源"，当代企业家要善于把这些优秀传统企业文化和发展现实有机统一起来，在继承中发展，在发展中继承，创造出富有时代吸引力的企业文化，争做"爱国敬业、守法经营、创业创新、回报社会"的典范，实现质量更好、效益更高、竞争力更强、影响力更大的发展，让发展成果惠及人民。

第三，在党的领导下充分调动自身能动性和创造力，逐步成长为中国特色社会主义事业中最具潜力和活力的建设者。

要"团结一切可以团结的力量，调动一切可以调动的积极因素"。非公有制经济人士是中国特色社会主义事业的重要力量，是爱国奉献、勇于创新的优秀人才储备队伍，其内在活力和创造力是经济社会发展的动力源泉。他们与党外知识分子、民族宗教界人士、新的社会阶层人士、港澳台侨同胞等，共同构成了中国共产党领导的最广泛的爱国统一战线。改革开放以来，党中央始终关心支持爱护民营企业，重视中小企业发展，因此一直致力于为民营企业、中小企业的健康运行创造更好的环境保障。

加强党对企业家队伍建设的领导，要建构"亲""清"新型政商关系。对民营企业家而言，"亲"就是积极主动同各级党委和政府及部门多沟通多交流，讲真话，说实情，建诤言，满腔热情支持地方发展。"清"就是要洁身自好、走正道，做到遵纪守法办企业、光明正大搞经营。同时，民营企业家也要积极践行社会主义核心价值观，在党的教育引导下支持企业党建工作，积极探索党建工作多种方式，发挥党员企业家先锋模范作用，牢固树立政治意识、大局意识、核心意识、看齐意识，严明政治纪律和政治规矩，坚定理想信念，坚决执行党的基本路线和各项方针政策，把爱党、忧党、兴党、护党落实到经营管理各项工作中。只有形成和谐、健康、清廉、公开、透明的政商关系，才能给予民营企业良性发展环境保障，进而推动企业健康发展，不断完善社会主义市场经济体制，维护市场公平正义。

第四，拓宽国际视野，凭借开放的胸怀和走出去的勇气，在全球化战略格局中把握新机遇。面对日趋严峻的国际经济形势，"一带一路"给中国企业走出去带来新的历史机遇。"一带一路"沿线大多是新兴经济体和发展中国家，普遍处于经济发展的上升期，具有开展互利合作的广阔前景；中国则拥有国内超大规模市场，具有世界上规模最大、门类最全、配套最完备的制造业体系，具有最完备的产业配套条件。改革开放以来，我国企业家利用国际国内两个市场、两种资源的能力不断提升；过去10年则是我国开拓国际市场的加速阶段，国际化民营企业如雨后春笋般涌现出来。这一过程不仅是产品与技术的碰撞与竞争，更是不同商业文明与战略文化的互鉴与博弈。

国际化的思维意味着企业家需要放眼国际，不仅要在前期对国际市场有所了解、拥有国际化的产品，还要争取拥有国际化的品牌和影响力；除了关注自己的行业外，还应对全球经济、政治和文化有深入了解。对此，习近平总书记明确指出，企业家要提高"四种能力"，即提高把握国际市场动向和需求特点的能力、提高把握国际规则能力、提高国际市场开拓能力、提高防范国际市场风险能力。民营企业家要更快更深地融入以国内大循环为主体、国内国际双循环相互促进的新发展格局，立足中国、放眼世界，在更高水平的对外开放中打造中国品牌，保持中国风骨，成为引领企业进一步走出去的领航人，为构建人类命运共同体贡献力量。

三、新时代如何构建中国的企业经营哲学

稻盛和夫经营哲学已被中国的众多企业家所接受，并奉之为圭臬。在企业经营活动中，为当代非西方企业的发展提供了可供研究、仿效的样本。如果说单纯的西方企业管理模式不能完全适用于西方以外的国家的话，那么具有特殊主义、地方主义的稻盛和夫经营哲学何以能够在中国畅行无阻，这个是值得关注与深思的问题。

第一，坚持以党的创新理论为指导。可以说，稻盛和夫经营哲学在中国现阶段是非常适用的，在经过中国企业家的引入与改造后更进一步地推动了企业家们所经营企业的发展，形成了一定的学习热潮。但是

我们也要注意到，在学习稻盛和夫经营哲学中所遇到一些问题还是明显存在的，拿来主义与教条主义都不适合中国民营企业的长久发展。而构建中国企业的经营哲学又是亟待解决的课题。

其一，要坚持党的创新理论为指导构建中国企业的经营哲学。新时代，中国企业的经营哲学要在习近平经济思想的指导下来进行，就是要把习近平经济思想理解好、贯彻好、落实好，要把习近平总书记关于非公有制经济、民营企业、民营企业家等方面的重要论述学懂弄通，在理论上要站得稳行得正。

其二，要把中国企业经营哲学的构建放在中国马克思主义哲学的大框架下来思考。新时代，要注重形成中国的学术体系、话语体系和学科体系，体现在哲学领域就是要构建当代中国马克思主义哲学学术体系。中国马克思主义哲学由中国马克思主义政治哲学、中国马克思主义经济哲学、中国马克思主义文化哲学、中国马克思主义社会哲学、中国马克思主义生态哲学所构成。而中国企业的经营哲学则属于中国马克思主义经济哲学的理论体系之中，是中国马克思主义哲学经济哲学的重要组成部分。也就是说，要构建中国企业的经营哲学，必须在中国马克思主义哲学特别是中国马克思主义经济哲学的理论框架下进行，才能构建出符合中国企业发展的经济哲学。

第二，着力提高中国企业家的理论水平。企业家是推动经济社会发展的关键群体与重要力量。中国的企业家要获取成功不是一件易事，而要构建企业家自己的理论体系更是需要加倍努力。《孟子·公孙丑上》说："虽有智慧，不如乘势；虽有镃基，不如待时。"企业家至少从两方面需要加倍努力。

其一，中国的企业家要善于学习总结，形成自己专属的企业经营理论。中国的企业是善于学习和勤于学习的，不但从中华优秀传统文化中学习，还乐于向欧美、日本等国家的先进管理经验与技术学习。从中国兴起的各类企业家培训班，管理类、经济类、会计类及领导类培训课程来看，中国的企业家更注重致力于提升自身的知识水平与领导力水平。

但是，一个不可忽略的事实是，中国早期的一代企业家，也就是改革开放以来的第一代创业者，大多没有接受过系统的理论教育，因而，他们也就很难形成自己的经营理念与哲学体系。而在第二代企业家中，他们多是在第一代企业家的基础上，有着良好的家庭环境，不但接受了正规的高等教育，有许多还被送到国外接受西方的教育，在理论水平上远远超出了第一代企业家。而今天，成长起来的第二代企业家已成为中国企业界的翘楚与精英，他们的价值理念与知识体系在很大程度上影响着其经营活动。

因而，要加强对第二代企业家的培养，使他们能够在原有的知识理论体系的基础上，结合中国传统文化以及当今时代的需要，在企业经营活动中不断总结提升经验，形成自身企业的经营理论。

其二，中国的企业家要与时代的发展同频共振。企业活动可以没有国界，但企业家有国界。中国的企业家的根在中国，其所立足与服务的对象固然也是中国。

在新时代新发展阶段，企业家要想在这样的时代获得成功，就必须与时代要求保持一致，更要在一定程度上走在时代的前列，引领时代发展的风尚，与时代的发展同频共振。而要做到这一点并不容易，需要下一番苦功夫。一方面，要熟知党的理论和政策。中国的企业家要时刻关注党和政府在经济领域的政策动向，要不断提升自身的理论修养，就是要把党关于民营企业的政策吃透弄准，把学习习近平经济思想作为一门必修课。这是宏观层面上的把握。另一方面，要不断把准行业动向，顺势而为。做企业不容易，做大做强做好企业更难。企业家要想使自己的企业经营立于不败之地，必须时刻了解所从事行业的动向，谨慎投资，大胆作为。同时，企业家还要不断提升自身的理论水平与知识储备，结合企业经营活动善于总结企业经营经验，必须早日形成适合自身的企业经营发展理念。

后记

　　2019 年底，我受邀出席山东盛和塾成立 10 周年纪念活动，发表了题为《稻盛和夫经营哲学与中国企业经营哲学的塑造》的演讲，畅谈对中国企业发展与企业家如何定位的见解。我通过"为什么在中国企业家中兴起了稻盛和夫经营哲学热""如何理解稻盛和夫经营哲学，其奥妙何在""如何塑造中国企业自己的经营哲学"表达了自己的观点。观点是一个人思想的映照，这些观点赢得了曹岫云先生的赞赏。曹岫云先生立即与我联系，并表达了要与中国社会科学院哲学研究所进行合作的意愿，之后两赴哲学研究所与我讨论中国企业经营哲学问题，并多次在会议中进行交流。

2020年6月，中国社会科学院哲学研究所与稻盛和夫（北京）管理顾问有限公司围绕"稻盛和夫经营哲学在中国的传播与影响"这一主题开展合作研究，以更好地梳理稻盛和夫经营哲学的内涵，揭开稻盛和夫经营哲学的神秘面纱，使更多的中国企业家了解、学习、运用稻盛和夫经营哲学。

2020年6月底，在中国社会科学院哲学研究所强乃社研究员的带队下，由哲学研究所办公室马修文副主任、周广友副研究员、乔茂林副研究员及马彦涛助理研究员组成的调研团队，在稻盛和夫（北京）管理顾问有限公司副总经理朴大勇先生的陪同下，于2021年10月至12月，先后赴山东青州、济南，福建福州、厦门，江苏无锡，辽宁沈阳，北京等地盛和塾开展实地调研，并通过网络对重庆、深圳、广州、天津、河南、江西等地盛和塾以及盛和塾讲师团队进行了线上交流，了解了稻盛和夫经营哲学在中国民营企业家中的传播和影响的具体情况，并在此基础上剖析其存在的社会历史条件，把握其内在价值的普遍性和共识性，为新时代中国特色社会主义民营企业的发展提供有益借鉴。

调研中，盛和塾塾生企业家贡献了自己的真知灼见，我们也带着自己的理念、问题忘情地投入访谈。更多时候，调研访谈变成了一场场的小型研讨会。我们有共同的追求，也有不同的理解和意见，在交流、沟通和碰撞中，常常有很多意想不到的金句冒出来。

本书立足于中国马克思主义哲学的宏观视野，从中国马克思主义经济哲学的视角，力图为中国企业经营哲学的构建起到抛砖引玉的作用。书中难免有不足之处，欢迎广大读者与企业界朋友不吝赐教，多提出宝贵建议。

本书出版过程中，我们对盛和塾塾生企业家的观点与感想进行了梳理，为本书的出版提供了大量的案例范本，在此表示感谢；曹岫云、赵君豪、朴大勇为本书的出版提出了宝贵的建议，在此也表示感谢。同时，也向为本书的出版付出大量心血的编校人员一并表示感谢。

是为记！

王立胜

2022 年 6 月 28 日

图书在版编目（CIP）数据

稻盛和夫经营哲学在中国 / 王立胜等著 . —— 北京：
中共中央党校出版社，2022.8（2022.9 重印）
ISBN 978-7-5035-7325-5

Ⅰ.①稻… Ⅱ.①王… Ⅲ.①企业经营管理 – 研究 –
中国 Ⅳ. ① F279.23

中国版本图书馆 CIP 数据核字（2022）第 102386 号

稻盛和夫经营哲学在中国

责任编辑	蔡锐华　徐　芳　吴容华
版式设计	张　敏
责任印制	陈梦楠
责任校对	马　晶
出版发行	中共中央党校出版社
地　　址	北京市海淀区长春桥路 6 号
电　　话	（010）68922815（总编室）　　　　（010）68922233（发行部）
传　　真	（010）68922814
经　　销	全国新华书店
印　　刷	北京文昌阁彩色印刷有限责任公司
开　　本	880 毫米 × 1230 毫米　1/32
字　　数	147 千字
印　　张	10
版　　次	2022 年 8 月第 1 版　2022 年 9 月第 2 次印刷
定　　价	68.00 元

邮　箱：zydxcbs2018@163.com　　　　**微　信** ID：中共中央党校出版社